FRIEDRICH
SCHILLER
Objetos trágicos, objetos estéticos

OUTROS LIVROS DA **FILÔ**

FILÔ

A alma e as formas
Ensaios
Georg Lukács

A aventura da filosofia francesa no século XX
Alain Badiou

Ciência, um Monstro
Lições trentinas
Paul K. Feyerabend

Em busca do real perdido
Alain Badiou

Do espírito geométrico e Da arte de persuadir
E outros escritos de ciência, política e fé
Blaise Pascal

A ideologia e a utopia
Paul Ricœur

O primado da percepção e suas consequências filosóficas
Maurice Merleau-Ponty

Relatar a si mesmo
Crítica da violência ética
Judith Butler

A teoria dos incorporais no estoicismo antigo
Émile Bréhier

A sabedoria trágica
Sobre o bom uso de Nietzsche
Michel Onfray

Se Parmênides
O tratado anônimo De Melisso Xenophane Gorgia
Barbara Cassin

A união da alma e do corpo
em Malebranche, Biran e Bergson
Maurice Merleau-Ponty

A vida psíquica do poder
Teorias da sujeição
Judith Butler

Jacques, o sofista
Lacan, logos e psicanálise
Barbara Cassin

FILÔAGAMBEN

Bartleby, ou da contingência
Giorgio Agamben
seguido de *Bartleby, o escrevente*
Herman Melville

A comunidade que vem
Giorgio Agamben

Gosto
Giorgio Agamben

O homem sem conteúdo
Giorgio Agamben

Ideia da prosa
Giorgio Agamben

Introdução a Giorgio Agamben
Uma arqueologia da potência
Edgardo Castro

Meios sem fim
Notas sobre a política
Giorgio Agamben

Nudez
Giorgio Agamben

A potência do pensamento
Ensaios e conferências
Giorgio Agamben

O tempo que resta
Um comentário à *Carta aos Romanos*
Giorgio Agamben

FILÔBATAILLE

O erotismo
Georges Bataille

O culpado
Seguido de *A aleluia*
Georges Bataille

A experiência interior
Seguida de *Método de meditação* e *Postscriptum 1953*
Georges Bataille

A literatura e o mal
Georges Bataille

A parte maldita
Precedida de *A noção de dispêndio*
Georges Bataille

Teoria da religião
Seguida de *Esquema de uma história das religiões*
Georges Bataille

Sobre Nietzsche: vontade de chance
Seguido de *Memorandum [...]*
Georges Bataille

FILÔBENJAMIN

O anjo da história
Walter Benjamin

Baudelaire e a modernidade
Walter Benjamin

Imagens de pensamento
Sobre o haxixe e outras drogas
Walter Benjamin

Origem do drama trágico alemão
Walter Benjamin

Rua de mão única
Infância berlinense: 1900
Walter Benjamin

Walter Benjamin
Uma biografia
Bernd Witte

Estética e sociologia da arte
Walter Benjamin

FILÔESPINOSA

Breve tratado de Deus, do homem e do seu bem-estar
Espinosa

Espinosa subversivo e outros escritos
Antonio Negri

Princípios da filosofia cartesiana e Pensamentos metafísicos
Espinosa

A unidade do corpo e da mente
Afetos, ações e paixões em Espinosa
Chantal Jaquet

FILÔESTÉTICA

O belo autônomo
Textos clássicos de estética
Rodrigo Duarte (Org.)

O descredenciamento filosófico da arte
Arthur C. Danto

Do sublime ao trágico
Friedrich Schiller

Íon
Platão

Pensar a imagem
Emmanuel Alloa (Org.)

FILÔMARGENS

O amor impiedoso
(ou: Sobre a crença)
Slavoj Žižek

Estilo e verdade em Jacques Lacan
Gilson Iannini

Interrogando o real
Slavoj Žižek

Introdução a Foucault
Edgardo Castro

Kafka
Por uma literatura menor
Gilles Deleuze
Félix Guattari

Lacan, o escrito, a imagem
Jacques Aubert, François Cheng, Jean-Claude Milner, François Regnault, Gérard Wajcman

O sofrimento de Deus
Inversões do Apocalipse
Boris Gunjević
Slavoj Žižek

Psicanálise sem Édipo?
Uma antropologia clínica da histeria em Freud e Lacan
Philippe Van Haute
Tomas Geyskens

Introdução a Jacques Lacan
Vladimir Safatle

ANTI**FILÔ**

A Razão
Pascal Quignard

FILŌESTÉTICA   **autêntica**

FRIEDRICH
SCHILLER
Objetos trágicos, objetos estéticos

ORGANIZAÇÃO E TRADUÇÃO Vladimir Vieira

Copyright © 2018 Autêntica Editora

Todos os direitos reservados pela Autêntica Editora. Nenhuma parte desta publicação poderá ser reproduzida, seja por meios mecânicos, eletrônicos, seja via cópia xerográfica, sem a autorização prévia da Editora.

COORDENADOR DA COLEÇÃO FILÔ
Gilson Iannini

CONSELHO EDITORIAL
Gilson Iannini (UFMG); *Barbara Cassin* (Paris); *Carla Rodrigues* (UFRJ); *Cláudio Oliveira* (UFF); *Danilo Marcondes* (PUC-Rio); *Ernani Chaves* (UFPA); *Guilherme Castelo Branco* (UFRJ); *João Carlos Salles* (UFBA); *Monique David-Ménard* (Paris); *Olimpio Pimenta* (UFOP); *Pedro Süssekind* (UFF); *Rogério Lopes* (UFMG); *Rodrigo Duarte* (UFMG); *Romero Alves Freitas* (UFOP); *Slavoj Žižek* (Liubliana); *Vladimir Safatle* (USP)

EDITORAS RESPONSÁVEIS
Rejane Dias
Cecília Martins

PROJETO GRÁFICO.
Diogo Droschi

REVISÃO
Lívia Martins

CAPA
Alberto Bittencourt
(George Romney, A tempestade, de William Shakespeare)

DIAGRAMAÇÃO
Guilherme Fagundes

Dados Internacionais de Catalogação na Publicação (CIP)
(Câmara Brasileira do Livro, SP, Brasil)

Schiller, Friedrich, 1759-1805
 Objetos trágicos, objetos estéticos / Friedrich Schiller ; organização e tradução Vladimir Vieira. -- 1. ed. -- Belo Horizonte : Autêntica Editora, 2018. -- (Filô Estética)

 Artigos extraídos das obras *Neue Thalia* (1792-1793) e *Kleinere Prosaische Schriften* (1792-1802)
 Bibliografia.
 ISBN 978-85-513-0379-5

 1. Arte 2. Estética 3. Filosofia alemã I. Vieira, Vladimir. II. Título. III. Série.

18-12849　　　　　　　　　　　　　　　　　　　　　　　　　　CDD-111.85

Índices para catálogo sistemático:
1. Estética : Filosofia 111.85

Belo Horizonte
Rua Carlos Turner, 420
Silveira . 31140-520
Belo Horizonte . MG
Tel.: (55 31) 3465 4500

São Paulo
Av. Paulista, 2.073 .Conjunto Nacional
Horsa I . 23º andar . Conj. 2310-2312
Cerqueira César . 01311-940 São Paulo . SP
Tel.: (55 11) 3034 4468

www.grupoautentica.com.br

7. **Apresentação**
Pedro Süssekind

13. **Nota sobre a tradução**
Vladimir Vieira

17. **Sobre o fundamento do deleite com objetos trágicos**

39. **Sobre a arte trágica**

69. **Sobre o patético**

105. **Observações dispersas sobre diversos objetos estéticos**

139. **Objetos trágicos, objetos estéticos**
Vladimir Vieira

Apresentação

Pedro Süssekind[1]

Filho de um médico militar da cidade de Marbach, no sul da Alemanha, Friedrich Schiller estava destinado a seguir os passos do pai. A partir dos 13 anos, frequentou a escola militar de Stuttgart, onde se formou em Medicina. Tinha 21 anos e servia no regimento daquela cidade quando sua primeira peça, *Os salteadores*, foi encenada. Desde a primeira montagem, de 1782, em Mannheim, a repercussão da peça despertou grande entusiasmo do público e da crítica, a ponto de o novo dramaturgo ser equiparado a Goethe, dez anos mais velho, e apontado como um Shakespeare alemão.

Franz e Karl Moor, protagonistas da peça, expressavam o espírito libertário e revoltado do *Sturm und Drang*, movimento precursor do Romantismo. Contudo, por ter assistido sem permissão à montagem de sua obra, o autor foi preso por quatorze dias e proibido de produzir qualquer texto que não

---

[1] Pedro Süssekind nasceu no Rio de Janeiro em 1973. Doutor em Filosofia pela UFRJ, com especialização em Literatura Comparada na Universidade Livre de Berlim, é professor associado do Departamento de Filosofia da UFF e pesquisador do CNPq na área de Estética e Filosofia da Arte. Publicou os livros *Shakespeare, o gênio original* (Zahar, 2008) e *Teoria do fim da arte* (7letras, 2017).

tratasse que questões médicas.[2] Essa prisão, que obviamente contribuiu para acentuar a indignação de Schiller com as convenções sociais e as restrições da liberdade intensamente criticadas em *Os salteadores*, levou o escritor a abandonar a carreira militar e a cidade de Stuttgart.

Depois da grande repercussão dessa primeira peça, no período tumultuado pelo abandono dos planos de sua família, Schiller escreveu em Mannheim mais duas peças em prosa: *A conspiração de Fiesco em Gênova* (1784) e *Intriga e amor* (1785). Depois disso, dedicou-se com afinco aos estudos de História para conceber *Don Carlos* (1787), peça que se baseia em acontecimentos do século XVI, na corte espanhola e na província de Flandres. Bastante produtivo também como ensaísta e como poeta lírico, o escritor se consolidou ao longo da década de 1780 como um dos nomes mais importantes da literatura alemã daquela época, ao lado de Goethe, que mais tarde, a partir de 1794, viria a se tornar seu principal interlocutor.

Em 1789, Schiller conseguiu um cargo como professor de História e Filosofia na Universidade de Jena. Mas no ano seguinte foi diagnosticada uma grave doença pulmonar que, até a sua morte em 1805, tornou a saúde do escritor muito delicada. Assim, em 1790, gravemente doente aos 30 anos, depois de um período produtivo na poesia e na dramaturgia, Schiller abandonou por alguns anos as atividades artísticas e se dedicou à teoria estética e à filosofia. Ao longo de quatro anos, escreveu uma série de ensaios que culminariam na publicação de *Sobre a educação estética do homem em uma série de cartas* (1794) e de *Sobre poesia ingênua e sentimental* (1795), suas obras teóricas mais conhecidas. Contudo, tendo concluído seus projetos nesse período dedicado à filosofia, Schiller voltou à dramaturgia e escreveu as peças que são consideradas suas obras-primas: a trilogia *Wallenstein*, terminada em 1799, *Maria Stuart*, de 1800, e *Guilherme Tell*, de 1804.

---

[2] Para mais informações a respeito, ver Koopmann (1966, p. 4–19).

É impossível explicar esse percurso sem levar em consideração o caráter peculiar do pensamento do autor, caso raro de um artista extremamente talentoso, mas dotado de profundo espírito filosófico. Numa carta a Goethe, de 1794, ele mesmo se classifica como "uma espécie de ser híbrido, entre o conceito e a concepção, entre a regra e sentimento".[3] Já em 1795, quando pretendia "fechar o seu ateliê filosófico" e se dedicar novamente à literatura, Schiller retoma o assunto e conclui: "essa atividade exige muito esforço, pois, se o filósofo pode deixar descansar o seu poder imaginativo, e o poeta, o seu poder de abstração, então eu, nessa forma de produção, preciso sempre conservar as duas forças em igual intensidade".[4]

Um dos fatores decisivos para a atividade filosófica de Schiller foi a leitura da *Crítica da faculdade do juízo*, de Kant, publicada em 1790. No entanto, ele está longe de ser apenas um comentador da estética kantiana, pois sua interpretação original e a vinculação das teses de Kant ao tema da arte, especialmente da tragédia e do trágico, levaram a soluções decisivas para a estética posterior. Isso pode ser comprovado pelos comentários elogiosos de Hegel, na introdução dos *Cursos de estética*, apontando o caráter inaugural da teoria da arte de Schiller:

> Devemos, pois, admitir que o sentido artístico de um espírito profundo e ao mesmo tempo filosófico antes mesmo que a filosofia enquanto tal o reconhecesse já exigiu e expressou a totalidade e a reconciliação, opondo-se àquela infinitude abstrata do pensamento [...]. Devemos a Schiller o grande mérito de ter rompido com a subjetividade e a abstração do pensamento kantiano [...].[5]

---

[3] Goethe; Schiller (1993, p. 29).

[4] Goethe; Schiller (1993, p. 46).

[5] Hegel (1999, p. 78).

O filósofo reconhece assim o papel de precursor do poeta e dramaturgo que, em seus ensaios filosóficos, foi um dos primeiros autores a refletir sobre a arte tendo como ponto de partida a obra de Kant que aborda as questões do gosto, do belo, do sublime e da arte.

Os textos teóricos de Schiller foram publicados originalmente em revistas literárias, relacionadas a uma outra faceta do escritor, que se dedicou intensamente, desde o período passado em Mannheim, ao trabalho como editor. Começando pelo projeto da *Thalia*, que ele criou em 1784, seu trabalho nesse campo se estendeu até 1797, com a revista *Die Horen*, e resultou na publicação de alguns dos mais importantes ensaios teóricos de grandes nomes da literatura e da filosofia do final do século XVIII na Alemanha, como Goethe, Fichte e Humboldt.

Editada por Georg Göschen a partir de 1786, a *Thalia* se manteve por doze edições, até 1791, e depois disso se tornou a *Neue Thalia*, nome adotado para dar continuidade ao projeto quando foi descoberto o grave problema de saúde de Schiller. Com quatro edições veiculadas nos anos de 1792 e 1793, a *Neue Thalia* publicou diversos ensaios escritos por Schiller durante sua fase de dedicação à estética filosófica, entre eles os textos traduzidos neste livro: "Sobre o fundamento do deleite com os objetos trágicos", "Sobre a arte trágica", "Sobre o patético" e "Observações dispersas sobre diversos objetos estéticos".

Os ensaios reunidos aqui desenvolvem as duas vertentes do pensamento de Schiller. Um dos temas centrais do escritor foi o gênero literário ao qual ele mesmo se dedicou como dramaturgo: a tragédia e sua possibilidade no mundo moderno. Por outro lado, ele estava preocupado em entender e elaborar algumas das principais questões da estética kantiana, revelando-se, nesse sentido, como um precursor de toda a tradição da estética moderna influenciada pela terceira crítica de Kant, a *Crítica da faculdade do juízo*. E foi justamente a base kantiana dos seus ensaios o fator que distanciou Schiller da concepção tradicional da arte trágica, fundamentada na *Poética* de Aristóteles, base de toda a reflexão teórica do Classicismo. Desse modo, o propósito de repensar a poética da tragédia, herdada da tradição aristotélica, combina-se aqui, de modo original, com o objetivo de investigar filosoficamente, com base em Kant, não só a arte e o belo, como também a relação entre arte e moralidade que se estabelece na apresentação artística da ideia de liberdade.

Nota sobre a tradução

Vladimir Vieira

Os artigos que integram esta coletânea foram publicados pela primeira vez na *Neue Thalia*, periódico editado por Schiller entre os anos de 1792 e 1793. O corpo da tradução reflete, entretanto, a segunda versão dos textos, conforme constam no terceiro e quarto volumes de seus *Escritos menores em prosa*, de 1801 e 1802, respectivamente. Essa norma foi preservada mesmo quando as modificações não parecem intencionais, mas antes o resultado de erros de tipografia. Os poucos casos em que foi privilegiada a versão original estão indicados e justificados em notas.

Em termos gerais, as versões apresentam poucas diferenças entre si, respeitando o espírito dos *Escritos menores*, exposto na apresentação de seu primeiro volume, de preservar o "cunho juvenil" que marcara o seu surgimento original. As principais modificações consistem na supressão de um longo trecho de "Observações dispersas sobre diversos objetos estéticos" e no emprego de grifos, que Schiller decidiu em grande parte suprimir ou alterar quando revisou seus trabalhos, especialmente em "Sobre o fundamento do deleite com objetos trágicos" e "Sobre a arte trágica".

Ao longo da tradução, refiro-me à *Neue Thalia* e aos *Escritos menores* por meio das abreviações *NT* e *EM*. As diferenças entre as versões dessas obras – excetuando-se aquelas que constituem simples correções ortográficas ou gramaticais – estão indicadas em notas de rodapé. No caso dos grifos, optou-se por marcar as alterações por meio do sinal "|". Assim, uma expressão sem itálico entre dois sinais "|" denota que o grifo constava na primeira versão mas foi abandonado na segunda, ao passo que uma expressão em itálico entre dois sinais "|" denota o oposto. Expressões em itálico sem nenhum sinal denotam grifos que foram mantidos nas duas versões.

De modo a respeitar as convenções editoriais correntes, foi acrescentado itálico a certos vocábulos, tais como termos em idiomas estrangeiros e títulos de obras, mesmo quando eles não haviam sido empregados originalmente por Schiller. Optou-se por sinalizar esses casos adicionando também o negrito no corpo da tradução.

A tradução dos textos teóricos de Schiller representa um desafio particular quando se leva em conta a riqueza de vocabulário e o caráter muitas vezes poético de seu estilo. Teria sido impossível, creio, sequer aproximar-me em português de sua prosa original sem introduzir inversões de termos ou alterações de pontuação, de modo que me permiti fazer uso desses recursos sempre que julguei necessário. Busquei, por outro lado, manter consistência terminológica não apenas entre os artigos que integram este volume, mas também em relação aos textos sobre o sublime, publicados em 2011 pela Autêntica Editora em tradução realizada por mim e por Pedro Süssekind. Em alguns casos isso não foi possível, pois o contexto em que os termos ocorrem exigia uma opção diferente da que fizemos naquela ocasião.

Estão indicados entre colchetes termos em alemão de tradução particularmente difícil, ou aqueles que merecem uma atenção especial do leitor, seja porque propõem jogos de palavras intraduzíveis, seja porque se tornaram centrais para o debate estético do período, tais como *Übereinstimmung* ("acordo") ou *Bestimmung* ("destinação"). Esse sinal também indica, conforme o seu uso habitual, acréscimos de minha autoria ao texto de Schiller que julguei necessários ou oportunos para tornar a tradução mais clara em português.

Por fim, são também de minha autoria as traduções de obras de outros autores citadas em notas, exceto quando há indicação em contrário.

Sobre o fundamento do deleite com objetos trágicos

Por mais que também alguns estetas modernos[1] tomem para si o ofício [*Geschäft*] de defender as artes da fantasia[2] e da sensação contra a crença universal |de que elas têm por fim o deleite|, como [se as defendessem] de uma censura degradante, essa crença, todavia, persistirá, como sempre, em seu sólido fundamento, e as belas artes não trocarão de bom grado sua incontestável, estabelecida [*althergebracht*] e benfazeja profissão por uma nova à qual se quer generosamente elevá-las. Não se preocupam se sua destinação [*Bestimmung*], visando ao nosso deleite, as rebaixa; estarão muito antes orgulhosas do privilégio[3] de realizar |imediatamente| aquilo que todas as

---

[1] No original, *neuere Ästhetiker*. O comparativo é frequentemente usado, nesse período, em um contexto de contraposição entre antigos e modernos. Cf. Grimm; Grimm (v. 13, p. 652-653).

[2] Em consonância com a tradição moderna, Schiller emprega os termos "fantasia" [*Phantasie*] e "imaginação" [*Einbildung*] para designar a mesma faculdade, embora o contexto de uso do primeiro frequentemente ressalte as suas capacidades produtivas.

[3] No original, *Vorzug*. Schiller não emprega o termo aqui em seu sentido corriqueiro, ou seja, como substantivo ligado ao verbo *vorziehen* ("preferir"), mas antes como sinônimo de *Vorteil*, que designa tanto

demais direções e atividades do espírito humano cumprem apenas |mediatamente|. Ninguém que admite algum fim na natureza duvidará, provavelmente, de que o fim dela para o ser humano seja o seu contentamento [*Glückseligkeit*], ainda que o ser humano mesmo, em seu agir moral, dele nada deva saber. As belas artes têm, assim, em comum com ela – ou, antes, com o seu Autor [*Urheber*] – o fim de repartir o deleite e de fazer feliz. Conferem, ludicamente, aquilo que suas irmãs mais sérias só nos permitem arduamente conquistar; presenteiam-nos com aquilo que costuma ser ali apenas o prêmio amargamente adquirido de muito empenho. Temos de granjear com tensa diligência os deleites do entendimento, com dolorosos sacrifícios a aprovação da razão, e as alegrias dos sentidos por meio de duras privações – ou expiar a desmedida delas[4] por meio de uma cadeia de sofrimentos. Apenas a arte nos proporciona gozos que não devem ser primeiro merecidos, que não custam nenhum sacrifício,[5] que não são granjeados por meio de nenhum arrependimento. Quem, contudo, colocará na mesma classe o mérito de deleitar desse modo com o parco mérito de |divertir|[6]? A quem ocorrerá negar à bela arte |aquele| fim meramente porque ela se encontra elevada [*erhaben*] acima |desse|?

O benévolo propósito de perseguir em toda parte o bem moral como o mais alto fim, que já gerou e deu abrigo a muita

---

uma posição que é reconhecida como mais favorável em relação a outras ("vantagem") quanto uma prioridade legal ou jurídica em relação aos demais (ou seja, como sinônimo de *Vorrecht*). Optou-se, portanto, pelo termo "privilégio" nessa passagem, que retém em português tal ambiguidade. Cf. Grimm; Grimm (v. 13, p. 2010-2014).

[4] *NT:* "das últimas" [*der letzern*] em lugar de "delas" [*derselben*].

[5] *NT:* "quaisquer sacrifícios" [*keine Opfer*] em lugar de "nenhum sacrifício" [*kein Opfer*].

[6] Schiller atribui aos termos *vergnügen* e *ergötzen* um grau superior dentro do campo semântico do prazer, em oposição ao mero divertimento. Por essa razão, optou-se por traduzi-los, indiferentemente, pelo termo "deleite" e seus derivados em português.

coisa mediana na arte, também acarretou na teoria prejuízo semelhante. Para destinar-lhes um nível efetivamente alto, para fazê-las adquirir o favor do Estado, o respeito de todos os seres humanos, enxotam-se as artes de seu domínio [*Gebiet*] peculiar para impor-lhes uma profissão que lhes é estranha e totalmente antinatural. Crê prestar-lhes grande serviço aquele que imputa a elas um fim moral, ao invés do frívolo fim |de deleitar|, e sua influência sobre a eticidade [*Sittlichkeit*], que tanto salta aos olhos, deveria dar apoio a essa afirmação. Achamos contraditório que a mesma arte que promove em tão grande medida o mais alto fim da humanidade só deva realizar esse efeito de modo incidental, tendo sua atenção [*Augenmerk*] última [voltada] para um fim tão baixo quanto pensamos ser o deleite. Se tivéssemos, contudo, uma coesiva [*bündig*] teoria do deleite e uma completa filosofia da arte, elas estariam em condição de afastar[7] com muita facilidade essa aparente contradição. Dela resultaria que um deleite livre, tal como o que a arte produz, baseia-se completamente em condições morais, que toda a natureza ética do ser humano está aí ativa. Dela resultaria, ademais, que a produção desse deleite é um fim que simplesmente só pode ser atingido por meios morais, e que, portanto, para atingir perfeitamente o deleite como seu verdadeiro fim, a arte tem de tomar o seu caminho através da moralidade. Para a dignificação da arte é, todavia, perfeitamente idêntico se o seu fim é moral ou se ela só pode atingi-lo por meios morais, pois em ambos os casos ela tem a ver com a eticidade e tem de agir na mais restrita concordância com o sentimento ético.[8] Para a perfeição da arte, porém, é tudo menos idêntico qual deles é o seu fim e qual é o meio. Se o fim mesmo é moral, ela perde aquilo que

---

[7] Para o uso de *heben* como sinônimo de *entfernen* ("afastar"), cf. Grimm; Grimm (v. 10, p. 731), onde Kant e Schiller são especificamente mencionados.

[8] *NT:* "com a lei ética" [*mit dem Sittengesetz*] em lugar de "com o sentimento ético" [*mit dem sittlichen Gefühl*].

a faz, e apenas ela, poderosa – sua liberdade; e aquilo por meio do que ela é tão universalmente eficiente[9] – o atrativo do deleite. O jogo se transforma em negócio sério. E é, entretanto, justamente por meio do jogo que ela pode executar melhor o negócio. Só cumprindo o seu |mais alto| efeito estético é que a arte terá uma influência benfazeja sobre a eticidade; mas só exercendo a sua total liberdade é que ela pode cumprir o seu mais alto efeito estético.

Sabe-se, ademais, que cada deleite, na medida em que flui de fontes éticas, melhora eticamente o ser humano, e que aqui o efeito tem de tornar-se novamente causa. O prazer com o belo, com o comovente [rührend], com o sublime fortalece nossos sentimentos morais, assim como o deleite com o benfazer, com o amor, etc., fortalece todas essas inclinações. Assim como um espírito deleitado é certamente a sina do ser humano eticamente insigne, assim também a insígnia ética acompanha de bom grado um ânimo deleitado. A arte, portanto, não tem um efeito ético apenas porque deleita por meios éticos, mas também porque o deleite mesmo que a arte proporciona se torna um meio para a eticidade.

Os meios através dos quais a arte atinge seu fim são tão multifários quanto existem fontes de um deleite livre. |Livre|, contudo, chamo aquele deleite no qual estão ativas as faculdades espirituais,[10] razão e faculdade da imaginação, e

---

[9] No original, *wirksam*. É importante ter em mente que Schiller emprega consistentemente esse termo em dois sentidos diferentes: do modo que é mais usual no alemão moderno, ou seja, designando que algo produz os efeitos esperados ("eficiente"), mas também como sinônimo de *wirkend*, isto é, para indicar algo que está em ação, que está atuando (Cf. GRIMM; GRIMM, v. 30, p. 588). O contexto permite muitas vezes distinguir esses dois usos, mas algumas passagens, tais como a indicada por esta nota, carregam um certo grau de ambiguidade que a tradução não é capaz de resolver integralmente.

[10] No original, *die geistigen Kräfte*. Optou-se por traduzir, indiferentemente, *Kraft* e *Vermögen* por "faculdade" sempre que o contexto sugerir uma referência técnica a um conjunto de capacidades do ânimo.

onde a sensação é gerada através de uma representação – em contraste com o deleite físico ou sensível, em que a alma é submetida a uma cega necessidade natural e a sensação se segue imediatamente de sua causa física.[11] O prazer sensível é o único que está excluído do domínio da bela arte, e uma habilidade para despertá-lo nunca pode se elevar a arte – ou, então, só pode fazê-lo quando as impressões sensíveis são ordenadas, reforçadas ou moderadas segundo um plano artístico, sendo essa conformidade a um plano [*Planmäßigkeit*] reconhecida através da representação. Mas mesmo nesse caso, só seria nela |arte| aquilo que é objeto de um deleite livre – a saber, o gosto com a ordenação o qual deleita nosso entendimento, e não os atrativos físicos mesmos, que deleitam apenas a nossa sensibilidade.

A fonte universal de todo deleite, mesmo o sensível, é a conformidade a fins. O deleite é sensível quando a conformidade a fins não é reconhecida por meio das faculdades de representação, tendo antes meramente por consequência física a sensação do deleite através da lei da necessidade. Assim, um movimento conforme a fins do sangue e dos espíritos vitais em órgãos individuais ou em toda a máquina do corpo[12]

---

[11] Esse período foi significativamente modificado por Schiller em relação à versão que constava na *NT*, onde se lê (grifos meus, indicando os trechos alterados): "Livre, contudo, chamo aquele deleite no qual **as faculdades do ânimo são afetadas segundo suas próprias leis** [*die Gemütskräfte nach ihren eigenen Gesetzen affiziert werden*], e onde a sensação é gerada através de uma representação – em contraste com o deleite físico ou sensível, em que a alma, **submetida ao mecanismo, é movida segundo leis estranhas a ela** [*dem Mechanismus unterwürfig, nach fremden Gesetzen bewegt wird*] e a sensação se segue imediatamente de sua causa física".

[12] A noção de que estímulos nervosos são transmitidos por fluidos ou espíritos, que remonta à fisiologia de Galeno (129-c. 200), era comum à época de Schiller. O filósofo provavelmente se familiarizara com o tema por ocasião de sua graduação em medicina na Hohe Karlsschule de Stuttgart: uma de suas dissertações de conclusão do curso, na verdade rejeitada pela banca examinadora, tratava justamente da *Filosofia*

gera o prazer corporal com todos seus tipos e modificações [*Modifikationen*]. |Sentimos| essa conformidade a fins através do *medium* da sensação agradável, mas não alcançamos dela qualquer representação, seja clara ou confusa.

O deleite é livre quando |representamos| para nós a conformidade a fins, e a sensação agradável acompanha a representação. Assim, todas as representações por meio das quais experimentamos acordo [*Übereinstimmung*] e conformidade a fins são fontes de um deleite livre e, nessa medida, capazes de ser utilizadas pela arte para esse propósito. Elas se esgotam nas seguintes classes: |bom|, |verdadeiro|, |perfeito|, |belo|, |comovente|, |sublime|. O bom ocupa nossa razão; o verdadeiro e o perfeito, o entendimento; o belo [ocupa] o entendimento com a faculdade da imaginação; o comovente e o sublime, a razão com a faculdade da imaginação. É verdade que o |atrativo|, ou a faculdade intimada à atividade, também deleita, mas a arte se serve dele apenas para acompanhar os sentimentos mais altos da conformidade a fins. Considerado sozinho, ele se perde em meio aos |sentimentos vitais|, e a arte desdenha dele, como de todos os prazeres sensíveis.

A diversidade das fontes a partir das quais a arte cria o deleite que nos proporciona não pode, por si mesma, autorizar qualquer divisão das artes − pois vários, mesmo quase todos os tipos de deleite podem confluir para a mesma classe de arte. Mas na medida em que um certo tipo de deleite é perseguido como fim principal, ele pode fundamentar, se não uma classe própria, ao menos uma visão [*Ansicht*] própria das obras de arte. Assim, por exemplo, poderíamos compreender as artes que satisfazem primordialmente o |entendimento| e a faculdade da imaginação − aquelas, portanto, que fazem do verdadeiro, do perfeito e do belo o seu fim principal −

---

da fisiologia [*Philosophie der Physiologie*] (1779) (cf., sobre as dissertações, NOETZEL, 2009, p. 2-7). Schiller refere-se aqui aos "espíritos vitais", fluidos de segunda ordem no sistema galênico, associados ao movimento e compartilhados com os animais.

sob o nome de artes |belas|[13] (artes do gosto, artes do entendimento); e unificar, em uma classe particular, aquelas que em contrapartida ocupam primordialmente a faculdade da imaginação com a |razão| – que têm portanto no bom, no sublime e no comovente o seu objeto principal – sob o nome de artes |comoventes|[14] (artes do sentimento, artes do coração). É impossível, com efeito, separar completamente o comovente do belo, mas o belo pode muito bem subsistir sem o comovente. Assim, se essas diferentes visões[15] não autorizam uma divisão perfeita das artes livres, elas servem ao menos para assinalar de modo mais próximo os princípios [*Prinzipien*] de seu ajuizamento, e prevenir a confusão [*Verwirrung*] que tem de inevitavelmente irromper quando se confundem [*verwechseln*] os campos totalmente diferentes do comovente e do belo na legislação sobre coisas estéticas.[16]

---

[13] A formulação em alemão introduz uma ambiguidade no ensaio de Schiller já que, até esse ponto do texto, o autor se referia à arte de um modo geral como "bela arte" [*schöne Kunst*], e emprega agora a mesma expressão para designar um tipo específico de arte, aquela que satisfaz primordialmente o entendimento e a imaginação. Optou-se, desse modo, por utilizar uma expressão diferente, em português, para esse segundo caso ("arte bela").

[14] Como se vê, Schiller emprega, para cada uma das duas classes de arte de que se ocupa nesse ensaio, o nome de um dos tipos de deleite a ela pertinentes: a classe que inclui o belo, o perfeito e o verdadeiro chama-se "arte bela"; aquela constituída pelo bom, pelo sublime e pelo comovente é denominada "arte comovente". Essa coincidência terminológica introduz certas dificuldades de leitura, pois não é doravante evidente se o autor tem em vista o gênero ou a espécie quando emprega um desses dois termos comuns.

[15] No original, no singular: *diese verschiedene Ansicht.*

[16] Na *NT*, constava nesse ponto do texto o seguinte parágrafo, suprimido nos *EM*: "Dentro da espécie comovente, a epopeia e o drama trágico [*Trauerspiel*] mantêm, na arte poética, o grau primordial. Na primeira, o comovente se associa ao sublime, no último o sublime ao comovente. Se quiséssemos fazer uso ulterior desse fio condutor [*Leitfaden*], poderíamos estabelecer tipos de poesia que lidam somente com o sublime, outros que lidam somente com o comovente. Em

O comovente e o sublime acordam-se no fato de que produzem o prazer através do desprazer, e de que nos fazem sentir, desse modo, uma conformidade a fins que pressupõe uma |contrariedade a fins| [*Zweckwidrigkeit*] (pois o prazer emana de uma conformidade a fins, a dor entretanto do contrário).

O sentimento do sublime consiste, por um lado, no sentimento de nossa |impotência| [*Ohnmacht*] e limitação para abarcar um objeto, por outro lado, contudo, no sentimento de nossa |supremacia| [*Übermacht*], que não se assusta com quaisquer limites [*Grenzen*] e que submete |espiritualmente| aquilo a que sucumbem [*unterliegen*] nossas faculdades sensíveis. O objeto do sublime está, portanto, em conflito com a nossa faculdade sensível, e essa inconformidade a fins [*Unzweckmäßigkeit*] tem de necessariamente despertar desprazer em nós. Mas ela se torna simultaneamente uma ocasião para trazer à nossa consciência uma outra faculdade em nós que supera [*überlegen*] aquela a que sucumbe [*erliegen*] a faculdade da imaginação.[17] Portanto, um objeto sublime é conforme a fins para a razão justamente porque está em conflito com a sensibilidade, e deleita por meio da faculdade mais alta na medida em que causa dor por meio da [faculdade] baixa.[18]

---

um outro, o comovente combinar-se-ia [*gatten*] primordialmente com o belo, abrindo uma passagem para o segundo ordenamento das artes. Poderíamos talvez, assim, prosseguir nesse fio também através dessas – as artes belas – e encontrar no mais *perfeito* um caminho de volta para o sublime, com o que seria fechado o círculo das artes".

[17] Este trecho remete ao §28 da *Crítica da faculdade do juízo*, que abre as discussões propostas por Kant acerca do sublime dinâmico (KANT, AA 05: 261.25-262.13). A passagem a que Schiller se refere é diretamente citada, com pequenas alterações, no artigo "Do sublime" [*Vom Erhabenen*]. Cf. Schiller (2011, p. 28-29).

[18] No original, *das höhere* [...] *das niedrige Vermögen*. Malgrado a influência do pensamento kantiano sobre a produção teórica de Schiller, essas expressões não remetem a termos técnicos de Kant, que antes emprega, usualmente, os adjetivos *ober* e *unter* para referir-se às faculdades superiores e inferiores do ânimo. Cf., por exemplo, a definição apresentada

Em sua estrita significação, comoção designa a sensação mista do sofrimento e do prazer com o sofrimento. Assim, só se pode sentir comoção a respeito da própria infelicidade quando a dor a respeito dela é suficientemente moderada para deixar espaço ao prazer que sente, por exemplo, um espectador compassivo. A perda de um grande bem hoje nos golpeia ao chão, e nossa dor |comove| o espectador; dentro de um ano lembramo-nos nós mesmos desse sofrimento com |comoção|. O fraco é sempre presa de sua dor, o herói e o sábio são apenas |comovidos|, mesmo pela mais alta infelicidade própria.

Como o sentimento do sublime, a comoção contém duas partes constituintes, a dor e o deleite. Logo, tanto aqui quanto lá a conformidade a fins tem por fundamento uma contrariedade a fins. Assim, parece ser uma contrariedade a fins na natureza que o ser humano sofra, não sendo ele destinado [*bestimmt*] ao sofrimento, e essa contrariedade a fins nos causa dor [*weh tun*]. Mas esse |causar dor| da contrariedade a fins é conforme a fins para nossa natureza racional em geral e, na medida em que nos intima à atividade, conforme a fins para a sociedade humana. Temos, assim, de sentir necessariamente um prazer com o desprazer mesmo que incita em nós aquilo que é contrafinal, pois tal desprazer é conforme a fins. Determinar se, numa comoção, salientar-se-á o prazer ou o desprazer depende disso: se a representação da contrariedade a fins ou da conformidade a fins mantém o predomínio. Isso, por sua vez, só pode depender seja da quantidade dos fins que são atingidos ou lesados, seja de sua relação com o fim último de todos os fins.

O sofrimento do virtuoso nos comove mais dolorosamente do que o do [ser humano] vicioso, pois lá se contradiz não apenas o fim universal dos seres humanos, que é ser feliz, mas também o fim particular de que a virtude faz feliz, ao

---

na *Antropologia* (KANT, AA 07: 140.23-38) ou a referência que tem lugar na "Introdução" da *Crítica da faculdade do juízo* (KANT, AA 05: 177.04).

passo que aqui se contradiz apenas aquele primeiro [fim]. Em contrapartida, causa-nos também muito mais dor a felicidade do malvado do que a infelicidade do virtuoso pois, |em primeiro lugar|, o vício mesmo e, |em segundo lugar|, sua recompensa contêm uma contrariedade a fins.

Além disso, a virtude possui muito maior habilidade para recompensar-se a si mesma do que possui o vício feliz para punir-se. Justamente por isso, aquele que é íntegro [*rechtschaffen*] permanecerá, na infelicidade, fiel à virtude muito mais do que se voltará para ela, na felicidade, o vicioso.

A determinação da relação do prazer com o desprazer nas comoções depende, contudo, primordialmente disso: se o fim lesado supera, em importância, aquele que foi atingido, ou se esse supera aquele que foi lesado. Nenhuma conformidade a fins nos diz respeito de modo tão próximo quanto a conformidade a fins |moral|, e nada vai além do prazer que sentimos com ela.[19] Se a conformidade a fins natural poderia ainda ser problemática, a conformidade a fins moral já foi para nós comprovada. Só ela se funda em nossa natureza racional e em uma necessidade interna. Ela é para nós a mais próxima, a mais importante e simultaneamente a mais reconhecível, pois não é determinada por nada de fora, mas antes por um princípio interno de nossa razão.[20] Ela é o paládio de nossa liberdade.

Essa conformidade a fins moral é reconhecida de modo mais vivo quando, em contradição com outras, mantém o predomínio. Só então se comprova todo o poder da lei ética: quando ela é mostrada em conflito com todas as demais forças naturais e, ao lado dela, todas elas perdem o seu poder [*Gewalt*] sobre um coração humano. Entre essas forças naturais compreende-se tudo o que não é moral, tudo o que não está sob

---

[19] *NT:* "essa conformidade a fins moral" [*diese moralische Zweckmäßigkeit*] em lugar de "ela" [*diese*].

[20] *NT:* "de nossa razão autônoma" [*unsrer autonomischen Vernunft*]; "autônoma" suprimido nos *EM*.

a mais alta legislação da razão, portanto sensações, impulsos [*Triebe*], afetos [*Affekte*], paixões, bem como a necessidade física e o destino. Quanto mais temível é o opositor, mais gloriosa é a vitória; apenas a resistência pode tornar visível a força. Disso se segue "que a mais alta consciência de nossa natureza moral só pode ser obtida em um estado violento, em luta, e que o mais alto deleite moral sempre será acompanhado da dor".[21]

Assim, o gênero poético que nos proporciona o prazer moral em grau privilegiado tem de, justamente por isso, servir-se das sensações mistas e nos deleitar por meio da dor. Isso é o que faz primordialmente a |*tragédia*|, e seu domínio abarca todos os casos possíveis nos quais se sacrifica alguma conformidade a fins natural em nome de uma moral, ou ainda uma conformidade a fins moral em nome de outra mais alta. Talvez não fosse impossível percorrer, segundo a proporção [*Verhältnis*] em que é reconhecida e sentida a conformidade a fins moral em contradição com a outra, uma escala [*Stufenleiter*] do deleite, do mais inferior até o mais alto, e assinalar *a priori*, de modo determinado, o grau da comoção agradável ou dolorosa com base no princípio da conformidade a fins. Com efeito, talvez se pudessem deduzir, justamente desse princípio, ordenamentos determinados da tragédia, e esgotar *a priori* todas as suas possíveis classes em um quadro completo, de modo que estaríamos em condição de destinar a cada tragédia dada o seu lugar, e de calcular previamente tanto o grau quanto o tipo de comoção além dos quais ela, graças à sua espécie [*Species*], não pode se elevar [*erheben*]. Tal objeto será, contudo, guardado para uma abordagem própria.

A partir de exemplos individuais será possível reconhecer, com clareza, o quanto é preferida em nosso ânimo a representação da conformidade a fins moral em relação à da conformidade a fins natural.

---

[21] O uso de aspas parece indicar apenas o desejo de enfatizar essa passagem, uma vez que não há evidências de que Schiller esteja citando outro autor.

Quando vemos Hüon e Amanda[22] atados à estaca do martírio, ambos prontos, por livre escolha, antes a morrer a terrível morte pelo fogo do que a adquirir um trono por meio de infidelidade contra o amado – o que torna, talvez, essa cena para nós o objeto de um deleite tão celeste? A contradição entre seu estado presente e o destino ridente de que eles desdenharam, a aparente contrariedade a fins da natureza, que recompensa a virtude com a miséria, a denegação contranatural do amor próprio, etc., chamando à nossa alma tantas representações de contrariedade a fins, deveriam encher-nos da dor mais sensível. Mas em que nos importa a natureza, com todos os seus fins e leis, se ela se torna, por meio de sua contrariedade a fins, a ocasião de nos mostrar a conformidade a fins moral |em| nós em sua mais plena luz? A experiência do poder vitorioso da lei ética que temos nessa visão é um bem tão alto, tão essencial, que somos até tentados a nos reconciliar com o mal a quem temos de agradecer por ele. O acordo no |reino da liberdade| deleita-nos infinitamente mais

---

[22] Schiller refere-se ao poema épico *Oberon*, de Christoph Martin Wieland, baseado em uma canção de gesta anônima do final do século XIII, *Huon de Bordeaux*, e influenciado, também, pela peça de Shakespeare, *Sonho de uma noite de verão*. Publicada, em sucessivas versões, entre os anos de 1780 e 1796, a obra de Wieland mostrou-se bastante popular e influente em sua época, tendo sido adaptada para a forma de *Singspiel* duas vezes ainda no final do século XVIII (por Friederike Sophie Seyler, sob o título *Hüon und Amande*, e por Karl Ludwig Giesecke) e constituindo-se como a principal fonte para a última ópera de Carl Maria von Weber, *Oberon* (1826). A passagem em questão tem lugar na parte final do poema (Canto XII), onde os protagonistas, após muitas peripécias e provações, negam-se a trair o seu amor e são, por isso, condenados à morte na fogueira. O trecho citado por Schiller remete diretamente ao início da estrofe 57: "Um nobre par de almas fundidas em um, que permaneceu fiel ao primeiro amor, decidido antes a escolher a morte nas chamas do que a ser infiel, mesmo pelo amor de um trono!" [*Ein edles Paar in Eins verschmolzner Seelen/ Das treu der ersten Liebe blieb/ Entschlossen, eh' den Tod in Flammen zu erwählen/ Als ungetreu zu seyn selbst einem Thron zu Lieb'!*] (WIELAND, 1819, p. 302).

do que são capazes de nos entristecer todas as contradições no |mundo natural|.

Quando, vencido pelo dever de esposo, filho e cidadão, Coriolano deixa Roma já praticamente tomada, reprime sua vingança, faz retornar seu exército e entrega-se em sacrifício ao ódio de um rival ciumento, comete manifestamente uma ação muito contrafinal.[23] Ao dar esse passo, não apenas perde o fruto de todas as suas vitórias até então, mas corre também intencionalmente em direção à sua danação. Mas, por outro lado, o quão insigne, o quão inefavelmente grande é preferir, de maneira audaz, a contradição mais grosseira com a inclinação a uma contradição com o sentimento ético, infringindo desse modo, contra o mais alto interesse da sensibilidade, as regras da prudência apenas para agir de acordo com o dever moral, que é [ainda] mais alto? Qualquer sacrifício da vida é contrafinal, pois ela é a condição de todos os bens. O sacrifício para um propósito moral é, entretanto, conforme a fins em alto grau, pois a vida nunca é importante por si mesma, nunca como fim, apenas como meio para a eticidade. Portanto, se sobrevém um caso em que sacrificar a vida se torna um meio para a eticidade, a vida tem de ser posposta em relação a ela. "Não é necessário que eu viva, mas é necessário que eu abrigue Roma contra a fome", diz o grande Pompeu, quando deve navegar em direção à África e seus amigos o importunam para que adie a partida até que tenha passado a tormenta no mar.[24]

---

[23] Referência à peça *Coriolano* [*Coriolanus*] ([?]1605-[?]1610), de Shakespeare, baseada na vida do general romano Caius Martius Coriolanus. A passagem em questão tem lugar na cena III do ato V: Coriolano, sentindo-se traído, lidera por vingança o exército inimigo dos volscanos contra Roma e está prestes a tomar sua cidade natal. Atende, entretanto, às súplicas de sua mãe, Volumnia, e de sua esposa, Vergília, selando um tratado de paz pelo qual virá a ser assassinado como traidor ao fim da peça.

[24] O evento é narrado na *Vida de Pompeu*, de Plutarco, cap. 50. Ao contrário do que parece sugerir a referência de Schiller, nessa obra

Mas a vida[25] de um criminoso não é menos tragicamente deleitosa do que o sofrimento do virtuoso. E, entretanto, obtemos aqui a representação de uma contrariedade a fins moral. A contradição de sua ação com a lei ética deveria encher-nos de desgosto [Unwille], a imperfeição moral que esse tipo de agir pressupõe, de dor – mesmo se não levássemos absolutamente em conta a infelicidade dos inocentes que se tornam disso vítimas. Aqui, não há satisfação com a moralidade das pessoas que fosse capaz de compensar a dor que sentimos com seu agir e seu sofrimento – e, todavia, ambos são um grato objeto para a arte, frente ao qual nos detemos com alto comprazimento [Wohlgefallen].[26] Não será difícil mostrar que esse fenômeno está em acordo com o que já foi dito.

Não é apenas a obediência à lei ética que nos dá a representação da conformidade a fins moral, o sofrimento com a sua lesão também o faz. A tristeza que a consciência da imperfeição moral gera é conforme a fins porque se contrapõe à satisfação que acompanha a retidão [Rechttun] moral. O arrependimento, a autocondenação, mesmo em seu mais alto grau, no desespero, são moralmente sublimes porque nunca poderiam ser sentidos se não estivesse desperto, no fundo do peito do criminoso, um incorruptível sentimento de justiça e injustiça que tornasse

---

o general já se encontra na África; a tempestade impediria o retorno a Roma com os grãos necessários para alimentar a cidade. Pompeu teria então exclamado: "navegar é necessário, viver não".

[25] NT: "sofrimento" [Leiden] em lugar de "vida" [Leben].

[26] A dor física é sempre representação de uma contrariedade a fins natural, conforme Schiller argumentara no parágrafo anterior. As más ações do criminoso, por sua vez, são representações de uma contrariedade a fins moral, e deveriam causar desprazer mesmo se deixássemos inteiramente de lado a contrariedade a fins natural que elas provocam – ou seja, o sofrimento das vítimas. Se aqui não há, como no caso de Hüon ou Coriolano, uma conformidade a fins de moral que compense tal desprazer, de que modo o sofrimento do criminoso pode ser empregado pela arte trágica? Essa é a questão que a passagem, de construção um pouco tortuosa, pretende colocar.

válidas as suas pretensões[27] mesmo contra o mais ardente interesse do amor próprio. O arrependimento acerca de um ato emana de sua comparação com a lei ética e consiste na desaprovação desse ato porque está em conflito com ela. Portanto, no momento do arrependimento a lei ética tem de ser a mais alta instância no ânimo de um tal ser humano; tem de ser para ele mais importante do que o próprio prêmio do crime, pois a consciência da lei ética ofendida torna amargo [*vergällen*] para ele o gozo desse prêmio. Mas o estado de um ânimo em que a lei ética é reconhecida como a mais alta instância é moralmente conforme a fins, logo uma fonte de prazer moral. E, além disso, o que pode ser mais sublime do que aquele heroico desespero que pisoteia todos os bens da vida, mesmo a própria vida, porque não pode suportar nem abafar a voz desaprovadora de seu juiz interno? Se o virtuoso sacrifica sua vida por vontade própria para agir conforme à lei ética, ou se o criminoso a destrói com as próprias mãos, sob a coação da consciência moral [*Gewissen*], para punir em si mesmo a transgressão dessa lei – nosso respeito pela lei ética ascende [em ambos os casos] a um grau igualmente alto. Se ainda tivesse lugar alguma diferença, ela redundaria muito mais em uma vantagem do último, pois a consciência letificada do justo agir poderia ter facilitado em alguma medida a deliberação para o virtuoso, e o mérito ético de uma ação decresce tanto mais quanto têm participação nela o prazer e a inclinação. O arrependimento e o desespero acerca de um crime cometido mostram-nos o poder da lei ética apenas mais tarde, e não de modo mais fraco. São pinturas [*Gemälde*] da mais sublime eticidade, apenas esboçadas em um estado mais violento. Um ser humano que se desespera por causa de um dever moral que foi lesado retrocede, justamente por isso, à sua obediência, e quanto mais temivelmente se exprime sua autocondenação, tanto mais poderosamente vemos a lei ética dando-lhe ordens [*gebieten*].

---

[27] *NT:* "pronunciamentos" [*Aussprüche*] em lugar de "pretensões" [*Ansprüche*].

Mas há casos em que o deleite moral só é granjeado por meio de uma dor moral, e isso ocorre quando um dever moral tem de ser transgredido para agir em maior conformidade a um [outro] mais alto e mais universal. Se Coriolano, em vez de sitiar sua própria cidade natal, tivesse se postado com um exército romano frente a Anzio ou Corioli; se sua mãe tivesse sido volscana, e se seus pedidos tivessem tido sobre ele o mesmo efeito [que tiveram], essa vitória do dever filial nos daria a impressão oposta [à que nos dá].[28] À deferência à mãe opor-se-ia então a bem mais alta obrigação |de cidadão|, que merece, em caso de colisão, a preferência em relação àquela. O comandante a quem for deixada a escolha, seja de entregar a cidade, seja de ver seu filho preso trespassado frente a seus olhos, escolhe sem receio [*Bedenken*] o segundo, pois o dever em relação a seu filho é de direito [*billig*] subordinado ao dever em relação à sua pátria. É verdade que, em um primeiro momento, indigna nosso coração que um pai aja de modo tão contraditório em relação ao impulso natural e ao dever paterno. Mas logo nos arrasta a uma doce admiração que nem uma impulsão [*Antrieb*] moral, e ainda quando se combina com a inclinação, possa desorientar a razão em sua legislação. Quando o coríntio Timóleon faz assassinar seu amado mas ambicioso irmão Timófanes porque sua opinião a respeito do dever patriótico o obriga a extirpar tudo o que põe em perigo a república,[29] não deixamos de vê-lo cometer essa ação contranatural, que está em tão grande conflito com o sentimento moral, com horror e aversão. Mas nossa aversão logo se dissolve no mais alto respeito pela virtude heroica que afirma os seus pronunciamentos

---

[28] Cidades no território dos volscos. Anzio, que se chamava Antium na Antiguidade, era a capital. Schiller sugere que o mais importante dos deveres morais que estão em jogo na decisão de Coriolano é o dever de cidadão: se sua mãe e esposa fossem volscanas, atender à sua súplica, portanto aos deveres de filho e esposo, teria um efeito negativo para a produção do deleite, contrário ao que se dá na peça de Shakespeare.

[29] O episódio é narrado na *Vida de Timóleon*, de Plutarco, cap. 4, sec. 3-4.

contra qualquer influência estranha da inclinação, decidindo tão livremente e tão corretamente no conflito tempestuoso dos sentimentos quanto no estado da mais alta tranquilidade. Podemos pensar de modo totalmente diferente de Timóleon acerca do dever republicano; isso não altera em nada nosso comprazimento. Antes é justamente a partir desses casos – em que nosso entendimento não está do lado da pessoa que age – que reconhecemos o quanto elevamos a conformidade ao dever acima da conformidade a fins, a consonância com a razão acima da consonância com o entendimento.

Mas o juízo dos seres humanos não redunda tão diverso acerca de nenhum fenômeno moral quanto, justamente, acerca desse, e o fundamento dessa diversidade não precisa ser buscado muito longe. O sentido moral[30] reside, com efeito, em todos os seres humanos, mas não em todos com a robustez [*Stärke*] e liberdade como tem de ser pressuposto para o ajuizamento desses casos. Para a maioria, é suficiente aprovar uma ação porque sua consonância com a lei ética é facilmente apreendida, e execrar uma outra porque seu conflito com essa lei salta aos olhos. Mas exige-se um claro entendimento e uma razão independente de toda força natural – portanto, também dos impulsos morais (na medida em que atuam de modo instintivo) – para determinar corretamente as relações dos deveres morais com o princípio mais alto da eticidade. Por isso, essa ação em que alguns poucos reconhecem a mais alta conformidade a fins aparecerá para a grande turba como uma indignante contradição, ainda que ambos estejam pronunciando um juízo moral; deve-se a isso o fato de que a comoção com tais ações não pode ser comunicada ao grande público

---

[30] No original, *der moralische Sinn*. "Sentido" é aqui utilizado como sinônimo de "faculdade" (*Kraft, Vermögen*) já que, em geral, Schiller emprega esse termo para designar de modo mais específico a faculdade sensível, que justamente se diferencia de modo essencial da razão. Embora imprecisa, a expressão ocorre com alguma frequência nos artigos da *Neue Thalia*.

como se poderia esperar da unidade da natureza humana e da necessidade da lei moral. Como se sabe, mesmo o mais alto e verdadeiro sublime é, para muitos, excesso de tensão[31] e insensatez, pois a medida da razão que reconhece o sublime não é a mesma em todos. Uma alma pequena prostra-se sob o peso de tão grandes representações ou se sente distendida de modo penoso[32] além de seu diâmetro moral. Não vê a turba comum, com suficiente frequência, a mais feia confusão ali onde o espírito pensante admira justamente a mais alta ordem?

Isso basta acerca do sentimento da conformidade a fins moral, na medida em que está no fundamento de nossa comoção trágica e de nosso prazer com o sofrimento. Dão-se, não obstante, suficientes casos em que a conformidade a fins natural parece deleitar em detrimento da [conformidade a fins] moral. Manifestamente nos deleita o caráter altamente consequente de um malvado na ordenação de suas maquinações [*Maschinen*], embora os preparativos [*Anstalten*] e os fins estejam em conflito com o nosso sentimento moral. Tal ser humano é capaz de despertar nosso mais vivaz compadecimento, e trememos frente ao fracasso de planos cujo malogro deveríamos desejar do modo mais ardente se fosse realmente o caso de relacionarmos tudo à conformidade a fins moral. Mas mesmo esse fenômeno não suspende aquilo que foi até aqui afirmado acerca do sentimento da conformidade a fins moral e de sua influência sobre o nosso deleite com as comoções trágicas.

---

[31] No original, *Überspannung*. À época de Schiller, esse termo designava, particularmente, um excesso de tensão de ordem espiritual, sendo frequentemente empregado em um contexto ligado ao fanatismo religioso e ao entusiasmo (cf. GRIMM; GRIMM, v. 23, p. 562). Optou-se por manter a tradução literal para preservar o jogo de palavras que o autor propõe, no restante do parágrafo, com a noção de "distensão" [*Spannung*] da alma.

[32] No original, *peinlich*. O adjetivo e advérbio ainda preservava, à época de Schiller, o seu sentido originário ligado à dor física, ao martírio e à tortura. Cf. Grimm; Grimm (v. 13, p. 1528-1529).

A conformidade a fins nos proporciona deleite em todas as circunstâncias, mesmo que não se relacione de modo algum ao ético, ou mesmo que esteja com ele em conflito. Gozamos |puramente| esse deleite enquanto não nos lembrarmos de algum fim ético que seja por meio dele contradito. Do mesmo modo que nos deleitamos com o instinto dos animais que se assemelha ao entendimento [*verstandsähnlich*], com a diligência artística das abelhas, e coisas como tais – sem que relacionemos essa conformidade a fins natural a uma vontade inteligente [*verständig*], muito menos a um fim moral –, assim também a conformidade a fins de todo negócio humano nos proporciona deleite por si mesma enquanto não pensarmos em nada além da relação dos meios para seu fim. Se porém nos ocorre relacionar esse fim, junto com seus meios, a um princípio ético, e se descobrimos em seguida uma contradição com esse último; em suma, se nos lembramos de que se trata da ação de um ser moral, então surge uma profunda indignação em lugar daquele primeiro deleite, e nenhuma conformidade a fins do entendimento, por maior que seja, é capaz de nos reconciliar com a representação de uma contrariedade a fins ética. Nunca pode se tornar vivaz para nós que esse Ricardo III, esse Iago, esse Lovelace[33] são |seres humanos|, ou então nosso compadecimento se transforma infalivelmente no contrário. É confirmado pela experiência diária, contudo, que possuímos e também amiúde exercemos uma capacidade [*Vermögen*] de desviar nossa atenção, por vontade própria, de um certo lado das coisas, direcionando-a para outro; e que o deleite mesmo, que só é possível para nós por meio dessa dissociação, a isso nos convida e nos prende.

---

[33] Ricardo III, protagonista da peça homônima [*Richard III*] (c. 1592) de Shakespeare baseada na história do rei inglês; Iago, antagonista de Otelo na peça homônima [*Othello*] (c. 1603) do mesmo autor, baseada no conto *Un Capitano Moro* (1565), de Cinthio; Robert Lovelace, vilão do romance epistolar *Clarissa* (1748), de Samuel Richardson.

Não raro, todavia, uma maldade plena de espírito ganha o nosso favor primordialmente porque é um meio para prover-nos do gozo da conformidade a fins moral. Quanto mais perigosas são as armadilhas que Lovelace coloca para a virtude de Clarissa, quanto mais duras são as provas que a atrocidade inventiva de um déspota impõe à obstinação de sua vítima inocente, tanto maior o brilho com que vemos triunfar a conformidade a fins moral. Alegramo-nos com o poder do sentimento moral de dever que pode dar tanto trabalho à faculdade de invenção do sedutor.[34] Em contrapartida, no malvado consequente contamos como um tipo de mérito vencer o sentimento moral que, sabemos, tinha de necessariamente nele agitar-se [*regen*]. Pois não se deixar desorientar, em seu agir, por nenhuma emoção [*Regung*] moral dá mostras de uma certa robustez de alma e[35] de uma grande conformidade a fins do entendimento.

A propósito, é incontradito que a maldade conforme a fins só pode se tornar o objeto de um perfeito comprazimento quando é aviltada frente à conformidade a fins moral. Trata-se, então, até mesmo de uma condição essencial do mais alto comprazimento, pois apenas ela é capaz de tornar realmente clara a supremacia do sentimento moral. Não há disso prova mais convincente do que a última impressão com a qual nos deixa o autor da **Clarissa**. A mais alta conformidade a fins do entendimento que tivemos de admirar, à revelia de nossa vontade, nos planos de sedução de Lovelace é gloriosamente superada pela conformidade a fins da razão que Clarissa opõe a esse temível inimigo de sua inocência. E vemo-nos, por meio disso, postos em condição de unificar em um alto grau o gozo de ambas.

---

[34] No romance de Richardson, Lovelace pretende desposar Clarissa para vingar-se de sua família. Com o intuito de forçar o matrimônio, aprisiona-a e chega mesmo a estuprá-la. A personagem, entretanto, permanece irredutível até o fim do romance.

[35] *NT:* "uma certa robustez de alma e" [*einer gewissen Stärke der Seele und*] omitido.

Na medida em que o poeta trágico toma por alvo trazer a uma viva consciência o sentimento da conformidade a fins moral; na medida, portanto, em que escolhe e emprega de modo inteligente os meios para esse fim, ele tem de deleitar o conhecedor sempre de modo duplo, por meio da conformidade a fins moral e por meio da conformidade a fins natural. Por meio da primeira ele satisfará o coração, por meio da segunda o entendimento. A grande turba sofre como que cegamente o efeito sobre o coração que o artista tem por propósito, sem divisar a magia por meio da qual a arte exerceu sobre ela esse poder. Há, contudo, uma certa classe de conhecedores nos quais o artista, de modo exatamente inverso, perde o visado efeito sobre o coração, mas cujo gosto pode conquistar [*gewinnen*] através da conformidade a fins dos meios que emprega para isso.[36] A mais fina cultura do gosto degenera-se muitas vezes nessa inusitada contradição, especialmente onde o enobrecimento moral fica para trás em relação à formação da mente [*Kopf*]. Esse tipo de conhecedor busca no comovente e no sublime apenas o inteligente,[37] que sente e põe à prova com o mais correto gosto,[38] mas que se cuide para não apelar ao seu coração. A idade e a cultura nos interpõem essa barreira [*Klippe*], e vencer com êxito a influência desvantajosa de ambas é, em termos de caráter, a maior fama do homem bem-formado [*gebildet*]. Entre as nações da Europa, nossos vizinhos, os franceses, foram levados a mais se aproximarem desse extremo, e nos debatemos, aqui como em tudo, segundo esse padrão.

---

[36] Na *NT*, constava nesse ponto do texto o seguinte trecho, suprimido nos *EM*: "Indiferentes ao conteúdo, serão satisfeitos apenas pela forma. Não perdoam mesmo no efeito mais bem-sucedido uma lesão da forma, e preferem perder o fim em uma ordenação conforme a fins do que a conformidade a fins dos meios no fim [que foi] perfeitamente atingido".

[37] *NT*: "belo" [*Schöne*] em lugar de "inteligente" [*Verständige*].

[38] *NT*: "sentimento" [*Gefühl*] em lugar de "gosto" [*Geschmack*].

Sobre a arte trágica

O estado do afeto por si mesmo, independente de toda relação[1] de seu objeto com nosso melhoramento ou pejoração, possui algo deleitoso para nós; esforçamo-nos para nos colocar nele, ainda que isso deva custar alguns sacrifícios![2] Nossos deleites mais habituais têm por fundamento esse impulso. Pouco se leva em consideração se o afeto está direcionado ao apetite [*Begierde*] ou à aversão, se é, segundo sua natureza, agradável ou penoso. A experiência ensina, muito antes, que o afeto desagradável possui maior atrativo para nós, e que, portanto, o prazer com o afeto está justamente em relação inversa com seu conteúdo. É um fenômeno universal em nossa natureza que o triste, o terrível, mesmo o horripilante aliciam-nos com magia irresistível, de modo que nos sentimos com a mesma força[3] repelidos e novamente atraídos por cenas de lástima,

---

[1] No original, *Beziehung*. Optou-se por traduzir, indiferentemente, *Beziehung* e *Verhältnis* por "relação". O leitor deve ter em mente, portanto, que essa decisão introduz algumas repetições em português que não estão originalmente presentes no alemão. Os casos em que *Verhältnis* foi traduzido por "proporção" estão indicados no texto.

[2] *NT:* exclamação omitida.

[3] No original, no plural: *Kräfte*.

de horror. Todos se apinham, plenos de expectativa, em volta do narrador de uma história de assassinato. Devoramos com apetite o mais aventuresco conto de fantasmas, e com apetite cada vez maior tão mais ficamos de cabelos em pé.

Essa emoção se exprime com mais vivacidade em objetos da intuição efetiva. Vista da margem, uma tormenta no mar[4] que afunda toda uma frota deleitaria a nossa fantasia com tanta força quanto indignaria o nosso coração que sente. Seria difícil crer, com Lucrécio,[5] que esse prazer natural[6] emane de uma comparação entre nossa própria segurança e o perigo percebido. Quão numeroso não é o séquito que acompanha um criminoso à arena [*Schauplatz*] de seus tormentos! Nem o deleite com um satisfeito amor à justiça, nem o prazer ignóbil com um aplacado apetite por vingança podem explicar esse fenômeno. Esse infeliz pode até ser desculpado no coração dos espectadores; ali pode estar ativa [*geschäftig*] a mais sincera compaixão pela sua conservação. Agita-se, contudo, no espectador, mais forte ou mais fracamente, um anseio de curiosidade para dirigir olhos e ouvidos à expressão de seu sofrimento. Se o ser humano de educação e sentimento refinado constitui aqui uma exceção, isso não se deve ao fato de que esse impulso não estava dado nele. Antes preponderou

---

[4] O exemplo é recorrente nas discussões sobre o sublime do período, e pode ser encontrado em Burke (1998, p. 32-33) e Kant (AA 05: 261.13-20). Schiller emprega-o novamente no artigo "Do Sublime" [*Vom Erhabenen*]. Cf. Schiller (2011, p. 25).

[5] Schiller refere-se ao início do segundo livro de *Sobre a natureza das coisas* [*De rerum natura*], de Lucrécio. A passagem é a seguinte: "É bom, quando os ventos revolvem a superfície do grande mar, ver da terra os rudes trabalhos por que estão passando os outros; não porque haja qualquer prazer na desgraça de alguém, mas porque é bom presenciar os males que não se sofrem. É bom também contemplar os grandes combates de guerra travados pelos campos sem que haja da nossa parte qualquer perigo" (LUCRÉCIO, 1985, p. 111). Kant menciona esse mesmo trecho de Lucrécio em uma passagem da *Antropologia* que discute o prazer da compaixão (§66). Cf. Kant (AA 07: 238.30).

[6] *NT:* "antinatural" [*unnatürlich*] em lugar de "natural" [*natürlich*].

sobre tal impulso a força dolorosa da compaixão, ou as leis do decoro lhe impuseram limites. Sem as rédeas de qualquer sentimento de [uma] delicada humanidade, o filho bruto [*roh*] da natureza entrega-se sem acanhamento a esse poderoso ímpeto. Ele tem de estar fundado, portanto, na índole originária do ânimo humano, e tem de poder ser explicado por uma lei psicológica universal.

Mesmo se achamos que esses brutos sentimentos naturais são inconciliáveis com a dignidade da natureza humana, tendo, portanto, reservas em fundar a partir disso uma lei para toda a espécie, há ainda suficientes experiências para pôr acima de dúvida a realidade e a universalidade do deleite com comoções dolorosas. A penosa luta entre inclinações ou deveres opostos, fonte de miséria para aquele que a sofre, deleita-nos na contemplação [*Betrachtung*]. Seguimos com prazer sempre crescente os progressos de uma paixão até o abismo para o qual ela atrai sua vítima infeliz. Esse mesmo sentimento delicado que nos faz recuar da visão de um sofrimento físico, ou também da expressão física de um sofrimento moral, permite-nos sentir um prazer tanto mais doce na solidariedade [*Sympathie*] com a pura dor moral. É universal o interesse com o qual nos detemos nas narrativas [*Schilderungen*] de tais objetos.

Naturalmente, isso vale apenas para o afeto |compartilhado| ou |solidário|. Pois a relação próxima que o [afeto] |originário| tem com nosso impulso para o contentamento habitualmente nos ocupa e possui demais, sem deixar espaço para o prazer que o afeto, livre de qualquer relação egoísta [*eigennützig*], proporciona por si mesmo. Assim, naquele que é efetivamente dominado por uma paixão dolorosa o sentimento da dor é preponderante, por mais que a narrativa de seu estado de ânimo possa encantar o ouvinte ou o espectador.[7] Não obstante, mesmo o afeto doloroso originário não

---

[7] Mais uma vez, era recorrente nos estudos sobre o sublime do período a suposição de que a proximidade excessiva do perigo prejudicava a

é totalmente vazio de deleite para aquele que o sofre. Antes são os graus desse deleite diferentes segundo a qualidade de ânimo [*Gemüthsbeschaffenheit*] dos seres humanos. Se não residisse também um gozo na intranquilidade, na dúvida, no temor, os jogos de azar teriam para nós um atrativo inigualavelmente menor, ninguém jamais se precipitaria, com audaciosa coragem, em direção ao perigo, e nem mesmo poderia a solidariedade com o sofrimento alheio deleitar de modo mais vivaz justamente no momento da maior ilusão e do mais forte grau de confusão. Com isso não se diz, porém, que os afetos desagradáveis proporcionem prazer em e por si mesmos, o que provavelmente não ocorrerá a ninguém afirmar. É suficiente se esses estados do ânimo meramente fornecem as condições sob as quais são unicamente possíveis para nós certos tipos de deleite. Assim, os ânimos primordialmente receptivos a |esses| tipos de deleite e que são, por isso, primordialmente ávidos por eles reconciliar-se-ão mais facilmente com essas condições desagradáveis e não perderão totalmente a sua liberdade mesmo nas mais veementes tormentas da paixão.[8]

O desprazer que sentimos em afetos adversos se deve à relação de seu objeto com a faculdade sensível ou ética, assim como o prazer emana, nos agradáveis, justamente dessas fontes. Ora, o grau de liberdade que pode ser mantido nos

---

experiência estética, como encontramos, por exemplo, em Addison (1898, p. 83), Burke (1998, p. 36-37) ou Kant (AA 05: 261.03-05). A concessão que se segue no texto de Schiller é, por outro lado, notável nessa tradição, como discutido no artigo que encerra este volume.

[8] Nos *EM*, a parte final deste parágrafo apresenta inconsistências sintáticas e semânticas ocasionadas pela supressão de um pequeno trecho da versão original. Trata-se, provavelmente, de um engano, pois o trecho omitido é delimitado pelo mesmo termo, *Vergnügens*, como indicado a seguir: "[...] gewisse Arten des Vergnügens **für uns möglich sind. Gemüther also, welche für diese Arten des Vergnügens** [...]". Por essa razão, foi mantida, nesse caso, a versão original da *NT* na tradução.

afetos também se orienta pela relação que a natureza ética de um ser humano mantém com sua [natureza] sensível. E uma vez que, como se sabe, naquilo que é moral não tem lugar qualquer escolha para nós, estando o impulso sensível, em contrapartida, submetido à legislação da razão e, portanto, em nosso poder – ou ao menos deve estar – é claramente possível manter uma perfeita liberdade em todos os afetos que têm a ver com o impulso egoísta e assenhorar-se do grau que eles devem atingir. Tal grau será mais fraco na mesma medida em que o sentido moral mantiver a predominância sobre o impulso de contentamento em um ser humano, e em que a afeição egoísta pelo seu eu individual for reduzida por meio da obediência às leis universais da razão. Assim, no estado de afeto um tal ser humano sentirá muito menos a relação de um objeto com seu impulso de contentamento, e consequentemente experimentará muito menos o desprazer que emana unicamente dessa relação. Em contrapartida, notará tanto mais a relação com sua eticidade na qual justamente esse objeto se encontra, tornando-se, justamente por isso, tanto mais receptivo ao prazer que a relação com o ético, não raro, mistura aos mais penosos sofrimentos da sensibilidade. Uma tal constituição de ânimo é a mais capaz de gozar o deleite da compaixão, e de conservar mesmo o afeto originário nos limites da compaixão.[9] Daí o alto valor de uma filosofia da vida que desfortalece o sentimento de nossa individualidade por meio da permanente remissão a leis universais, que nos ensina a perder nosso pequeno eu [*Selbst*] no contexto do grande todo e que, desse modo, nos põe em condição de darmo-nos conosco mesmos como com estrangeiros. Essa sublime disposição de espírito é a sina de ânimos robustos e filosóficos que aprenderam, por meio de continuado trabalho em si mesmos, a subjugar o impulso egoísta. Mesmo a mais dolorosa perda não os leva além de

---

[9] *NT*: "do compassivo" [*des mitleidenden*] em lugar de "da compaixão" [*des Mitleids*].

um pesar[10] com o qual pode se combinar ainda um notável grau de deleite. Eles, os únicos capazes de separar-se de si mesmos, são os únicos a gozarem o privilégio de compadecer de si mesmos e de sentir o próprio sofrimento no ameno reflexo[11] da solidariedade.

O que foi dito até aqui já contém suficientes indicações para chamar nossa atenção para as fontes do deleite que o afeto em si mesmo proporciona, primordialmente o triste. O deleite é maior, como visto, em ânimos morais, e atua tão mais livremente quanto mais o ânimo for independente do impulso egoísta. É, ademais, mais forte e vivaz em afetos tristes, nos quais é magoado o amor próprio, do que nos alegres, que pressupõem a sua satisfação. Cresce, portanto, onde é ofendido o impulso egoísta, e decresce onde esse impulso é adulado. Não conhecemos, contudo, mais do que duas fontes do deleite, a satisfação do impulso de contentamento e o cumprimento de leis morais. Um prazer, portanto, que se comprovou não emanar da primeira fonte tem de necessariamente ter sua origem na segunda. É de nossa natureza moral que brota, assim, o prazer por meio do qual nos encantam os afetos dolorosos quando os compartilhamos, e que nos comovem, de modo agradável, em certos casos até mesmo quando originariamente sentidos.

Tentou-se de vários modos explicar o deleite da compaixão. Mas muito poucas soluções puderam redundar satisfatórias porque se procurou o fundamento do fenômeno antes nas circunstâncias que o acompanham do que na natureza do afeto mesmo. Para muitos o deleite da compaixão não é outra coisa senão o deleite da alma com sua sensitividade;[12]

---

[10] *NT*: "um tranquilo pesar" [*eine ruhige Wehmut*]; "tranquilo" suprimido nos *EM*.

[11] Schiller emprega a forma arcaica *Wiederschein* para "reflexo", e não *Widerschein*, como é comum nos dias de hoje.

[12] No original, *Empfindsamkeit*. Optou-se pela tradução por "sensitividade" para distinguir esse termo de *Sinnlichkeit* ("sensibilidade"), que

para outros, é o prazer com as faculdades fortemente ocupadas [*starkbeschäftigt*], com a atuação [*Wirksamkeit*] vivaz da faculdade de apetição, em suma, com uma satisfação do impulso de atividade; outros a tomam como se emanasse da descoberta de traços de caráter eticamente belos que a luta com a infelicidade e com a paixão tornaria visíveis. Permanece, todavia, ainda sem solução por que justamente o padecimento mesmo, o próprio |sofrimento| é o que nos atrai mais poderosamente nos objetos da compaixão. Pois, segundo aquelas explicações, um grau mais fraco de sofrimento teria de ser manifestamente mais favorável para as causas arroladas de nosso prazer na comoção. A força e vivacidade das representações despertadas em nossa fantasia, a insígnia ética das pessoas que sofrem, a retrospecção do sujeito compassivo sobre si mesmo podem talvez elevar o prazer nas comoções, mas não são a causa que o produz. O sofrimento de uma alma fraca, a dor de um malvado obviamente não nos proporcionam esse gozo. Isso não se dá, entretanto, porque não incitam a nossa compaixão no mesmo grau que o herói que sofre ou que o virtuoso que luta. Permanentemente retorna, portanto, a primeira pergunta, por que justamente o grau do sofrimento determina o grau do prazer solidário em uma comoção, e ela não pode ser respondida de outro modo a não ser [admitindo-se] que é precisamente o ataque à nossa sensibilidade a condição para excitar a faculdade do ânimo cuja atividade gera aquele deleite com o sofrimento solidário.

Ora, essa faculdade não é outra senão a razão, e na medida em que [é] sua atuação livre, como absoluta atividade autônoma [*Selbsttätigkeit*], [que] merece primordialmente o nome de |atividade|, na medida em que o ânimo só se sente

---

Schiller emprega com muito maior frequência, em sentido técnico, para designar a faculdade por meio da qual intuições sensíveis são dadas a nós. As ocorrências de *Empfindlichkeit* foram igualmente traduzidas por "sensibilidade", deixando-se nesse caso a indicação do termo alemão no texto.

perfeitamente livre e independente em seu agir ético, é obviamente do satisfeito impulso de atividade que nosso deleite nas comoções tristes tira a sua origem. Sendo assim, também não é a quantidade, não é a vivacidade das representações, nem a atuação da faculdade de apetição em geral aquilo que está no fundamento desse deleite, mas antes uma espécie determinada das primeiras e uma atuação determinada, gerada pela razão, da última.

O afeto compartilhado em geral possui, portanto, algo deleitoso para nós porque satisfaz o impulso de atividade. O afeto triste realiza esse efeito em grau mais alto porque satisfaz esse impulso em grau mais alto. Só no estado de sua perfeita liberdade, só na consciência de sua natureza racional é que o ânimo exprime a sua mais alta atividade, pois unicamente aí emprega uma faculdade que supera qualquer resistência.

Logo, aquele estado do ânimo que primordialmente leva essa faculdade à sua proclamação, que desperta essa atividade mais alta, é o mais |conforme a fins| para um ser racional e o mais satisfatório para o impulso de atividade. Ele tem de estar conectado, portanto, a um grau privilegiado de prazer.[*] [13] É o afeto triste que nos coloca em tal estado, e o prazer com ele tem de superar o prazer com afetos alegres justamente no mesmo grau em que a faculdade ética em nós eleva-se [erhaben] acima da sensível.

Aquilo que, no sistema todo dos fins, é apenas um membro subordinado, a arte pode dissociar desse contexto e perseguir como fim principal. Para a natureza, o deleite pode ser apenas um fim mediato; para a arte, ele é o mais alto. Faz parte, portanto, primordialmente do fim dessa última não negligenciar o alto deleite que está contido na comoção triste. Mas a arte que põe particularmente como seu fim o

---

[*] Ver o ensaio sobre o fundamento do deleite com objetos trágicos.

[13] Em *NT*, o texto da nota continha ainda "no número anterior" [*im vorigen Stück*], suprimido nos *EM*.

deleite da compaixão se chama, no entendimento universal, |arte trágica|.

A arte cumpre o seu fim pela |imitação da natureza|,[14] na medida em que cumpre as condições sob as quais o deleite se torna possível na realidade e unifica, segundo um plano inteligente, os preparativos dispersos da natureza para esse fim, de modo a atingir como fim último aquilo que ela tomava meramente como fim secundário [*Nebenzweck*]. A arte trágica imitará, assim, a natureza nas ações capazes de despertar primordialmente o afeto compassivo.

Para prescrever à arte trágica o seu procedimento em geral é necessário, portanto, saber sobretudo as condições sob as quais, segundo a experiência habitual, se costuma gerar o deleite da comoção de modo mais forte e certo; mas simultaneamente chamar a atenção para as circunstâncias que o limitam ou mesmo o destroem.

A experiência assinala duas causas opostas que impedem o deleite com as comoções: quando a compaixão é incitada muito fracamente, ou tão fortemente que o afeto compartilhado passa à vivacidade de um [afeto] originário. A primeira pode, por sua vez, dever-se ou à fraqueza da impressão que obtemos do sofrimento originário – e nesse caso dizemos que nosso coração permanece frio e que nós[15] não sentimos nem dor, nem deleite; ou isso se deve a sensações mais fortes que lutam contra a impressão recebida e, por meio de sua preponderância no ânimo,[16] enfraquecem o deleite da compaixão, ou o sufocam totalmente.

---

[14] A fórmula remonta à *Poética* de Aristóteles e à sua recepção durante o período do Classicismo. Como discutido no artigo que encerra este volume, a obra aristotélica figura, de fato, como uma referência importante para a redação de "Sobre a arte trágica".

[15] *NT:* "nós" [*wir*] omitido.

[16] *EM:* "preponderância de peso" [*Übergewicht im Gewicht*] em lugar de "preponderância no ânimo" [*Übergewicht im Gemüt*]. Foi mantida, nesse trecho, a versão original da *NT*, que parece a mais correta

Segundo o que foi afirmado no artigo precedente sobre o fundamento do deleite com objetos trágicos, há em cada comoção trágica a representação de uma contrariedade a fins que, se a comoção deve ser deleitosa, conduz sempre à representação de uma conformidade a fins mais elevada. Depende da relação dessas duas representações opostas, uma com a outra, se em uma comoção salienta-se o prazer ou o desprazer. Se a representação da contrariedade a fins é mais vivaz do que a do [seu] contrário, ou se o fim lesado é de maior importância do que o [fim] cumprido, o desprazer manterá sempre o predomínio, quer isso valha |objetivamente| para a espécie humana em geral, quer apenas |subjetivamente| para indivíduos particulares.

Se o desprazer com a causa de uma infelicidade se torna forte demais, ele enfraquece a nossa compaixão com aquele que a sofre. Duas sensações totalmente diferentes não podem se dar em alto grau ao mesmo tempo no ânimo. O desgosto com o autor do sofrimento se torna o afeto dominante, e qualquer outro sentimento tem de recuar frente a ele. Assim, sempre enfraquece nosso interesse [*Anteil*][17] se o infeliz que devemos compadecer precipitou-se em sua danação, de modo imperdoável, por sua própria culpa, ou se não sabe dela retirar-se, embora pudesse, por fraqueza de entendimento e covardice. Não prejudica pouco o nosso interesse [*Anteil*] pelo infeliz |Lear|, maltratado por suas filhas ingratas, que esse velho infantil tenha sacrificado de modo tão insensato sua coroa, e distribuído entre elas seu amor de modo tão ininteligente.[18]

---

tendo em vista que Schiller emprega a expressão "preponderância no ânimo" consistentemente em outros trechos do artigo.

[17] Sobre esse uso de *Anteil* como sinônimo de "interesse", cf. Grimm; Grimm (v. 1, p. 497-498).

[18] *Rei Lear* [*King Lear*] (1623), peça de Shakespeare baseada na lenda do Leir da Bretanha. Influenciado pelas falsas lisonjas de duas de suas filhas, Goneril e Regana, a personagem que dá título à obra divide seu reino entre elas, deixando a terceira, Cordélia, sem herança. Essa

No drama trágico [*Trauerspiel*] *Olindo e Sofrônia*, de Cronegk,[19] mesmo o mais terrível sofrimento a que vemos expostos esses dois mártires de suas crenças só é capaz de incitar fracamente a nossa compaixão, bem como o seu sublime heroísmo a nossa admiração. Pois só a demência [*Wahnsinn*] pode cometer uma ação como aquela por meio da qual Olindo levou a si mesmo e a todo o seu povo às raias da danação.

Nossa compaixão não é menos enfraquecida se o autor de uma infelicidade cujas vítimas inocentes devemos compadecer enche nossa alma de aversão. Sempre danificará a mais alta perfeição de sua obra quando o poeta trágico não pode prescindir de um malvado, quando é coagido a deduzir a grandeza do sofrimento da grandeza da maldade. Iago e Lady Macbeth, de Shakespeare, a Cleópatra na *Rodogune* e Franz Moor em *Os salteadores* dão testemunho dessa afirmação.[20]

---

decisão precipitará as catástrofes que terão lugar na peça, as quais resultarão na morte de todas as quatro personagens.

[19] Johann Friedrich von Cronegk (1731-1758). O drama trágico inacabado *Olint und Sophronia*, baseado no segundo canto da *Jerusalém liberada* [*Gerusalemme liberata*] (1581), de Torquato Tasso, foi publicado postumamente, em 1767. Olindo, secretamente cristão, retoma uma imagem de Cristo que havia sido escondida pelo rei Aladim no templo muçulmano. O monarca ameaça punir todos os cristãos de Jerusalém pelo roubo, o que leva tanto Olindo quanto sua amada, Sofrônia, a assumirem a responsabilidade pelo crime. A obra de Cronegk é severamente criticada por Lessing em sua *Dramaturgia de Hamburgo* [*Hamburgische Dramaturgie*]. Cf. Lessing (1769, v. 1, p. 15-22).

[20] Lady Macbeth, esposa da personagem que dá título à tragédia *Macbeth* ([?]1603-[?]1607), de Shakespeare, baseada na história do rei escocês; Cleópatra mata o próprio filho, Seleuco, por ciúme da personagem que dá nome à tragédia *Rodogune* (1647), de Pierre Corneille; Franz Moor é o vilão frio e calculista que disputa a herança paterna com o irmão, Karl, na primeira peça de Schiller, *Os salteadores* [*Die Räuber*] (1781). O texto original de Schiller, tanto na *NT* quanto nos *EM*, indicava "Roxelane" como título da obra de Corneille, o que não faz sentido, já que a concubina otomana viveu muitos séculos depois de Cleópatra. Trata-se, possivelmente, de uma confusão com a peça de Charles-Simon Favart, *Les trois sultanes ou Soliman Second* (1761),

Um poeta que conhece bem sua verdadeira prerrogativa [*Vorteil*] não provocará a infelicidade por meio de uma vontade maligna que tem por propósito a infelicidade, muito menos por meio de falta de entendimento, mas antes por coação das circunstâncias. Se a infelicidade não emana de fontes morais,[21] mas de coisas externas, que não possuem vontade nem estão a ela submetidas, a compaixão é sempre mais pura, e ao menos não se vê enfraquecida por nenhuma representação de contrariedade a fins moral. Mas, então, não se pode poupar o espectador compadecente do desagradável sentimento de uma contrariedade a fins na natureza, que, nesse caso, só a conformidade a fins moral pode salvar. A compaixão alça-se até um grau muito mais alto quando tanto aquele que sofre quanto aquele que causa o sofrimento se tornam dela objeto. Isso só pode ocorrer quando esse último não incitou nem nosso ódio nem nosso desprezo, tendo sido antes levado a se tornar o autor da infelicidade contra sua inclinação. Assim, é uma beleza privilegiada na |Ifigênia| alemã[22] o fato de que o rei táurida – o único que está no caminho dos desejos de Orestes e sua irmã – nunca perde nosso respeito, e, por fim, ainda nos compele ao amor.

Essa espécie do comovente é ainda superada por aquela onde a causa da infelicidade não apenas não contradiz a moralidade, mas é mesmo apenas possível por meio dela, e onde o sofrimento recíproco se deve à mera representação de que alguém o esteja despertando. É desse tipo a situação de Ximenes e Rodrigo no *Cid* de Pierre Corneille[23] – indiscutivelmente

---

que contém uma personagem com esse nome. Ambas as obras são discutidas na *Dramaturgia de Hamburgo*. Cf. Lessing (1769, v. 1, p. 241-248; p. 277-295).

[21] *NT*: "fontes não morais" [*unmoralischen Quellen*] em lugar de "fontes morais" [*moralischen Quellen*].

[22] *Ifigência em Táuris* [*Iphigenie auf Tauris*] (1786), de J. W. v. Goethe.

[23] *Cid* [*Le Cid*] (1637), de Pierre Corneille, a quem Schiller se refere em alemão nessa passagem ("Peter Corneille"). Na peça, o Conde

a obra-prima do palco trágico no que diz respeito ao enredamento [*Verwicklung*]. O amor à honra e o dever filial armam a mão de Rodrigo contra o pai de sua amada, e a valentia lhe permite suplantá-lo; o amor à honra e o dever filial despertam em Ximenes, a filha do [pai] abatido, uma temível acusadora e perseguidora de Rodrigo. Ambos agem contra sua inclinação, que treme pela infelicidade do objeto que perseguem tão amedrontada quanto o dever moral os torna zelosos de suscitar essa infelicidade. Ambos, portanto, ganham o nosso mais alto respeito porque cumprem um dever moral a custo da inclinação; ambos inflamam a nossa compaixão ao máximo porque sofrem por vontade própria e por um motivo que os torna em alto grau dignos de respeito. Assim, nossa compaixão é aqui tão pouco perturbada por sentimentos adversos que, muito antes, deflagra-se em chama redobrada; só a impossibilidade de compatibilizar o mais alto merecimento à felicidade com a ideia da infelicidade poderia ainda turvar, com uma nuvem de dor, nosso prazer solidário. Por mais que se ganhe com isso – com o fato de que nosso desgosto em relação a essa contrariedade a fins não diz respeito[24] a qualquer ser moral, sendo antes |canalizado| para o local menos prejudicial, para a necessidade – uma submissão cega ao destino é sempre humilhante e magoativa para seres livres que se autodeterminam. É isso que deixa para nós algo a desejar mesmo nas peças mais insignes do palco grego, porque em todas elas se apela, por fim, à necessidade, permanecendo assim sempre um nó por dissolver para a nossa razão que exige razão.[25] Contudo, no nível último e mais alto que galga o ser humano moralmente formado, e a que se pode elevar a arte comovente, também

---

de Gormas, pai de Ximenes, ofende Don Diego, pai de seu amado Rodrigo. Esse incidente torna os dois amantes adversários: Rodrigo mata o Conde de Gormas pela ofensa causada a seu pai, e Ximenes, pelo mesmo dever filial, exige do rei a cabeça de Rodrigo.

[24] *NT:* "acerta" [*trifft*] em lugar de "diz respeito a" [*betrifft*].

[25] *NT:* parágrafo antes de "contudo".

esse [nó] se dissolve, desaparecendo com ele qualquer sombra de desprazer. Isso ocorre quando mesmo essa insatisfação com o destino é eliminada, perdendo-se no presságio, ou antes em uma distinta consciência de uma conexão teleológica das coisas, de uma ordem sublime, de uma vontade bondosa. Associa-se, então, ao nosso deleite com o acordo moral a revigorante representação da mais perfeita conformidade a fins no grande todo da natureza, e sua aparente lesão, que despertava dores em nós no caso individual, torna-se mero aguilhão para que nossa razão procure em leis universais uma justificação para esse caso particular, dissolvendo a inconsonância [*Misslaut*] individual na grande harmonia. A essa pura altura da comoção trágica a arte grega nunca se elevou, pois nem a religião popular, nem mesmo a filosofia dos gregos alumiou-os tão longe. Foi reservado à arte moderna, que goza da vantagem de receber material mais puro de uma filosofia depurada, cumprir também essa mais alta exigência, desdobrando |assim| toda a dignidade moral da arte. Se nós modernos temos[26] realmente de abrir mão de restabelecer algum dia a arte grega porque o gênio filosófico da época e a cultura moderna em geral não são favoráveis à poesia, eles atuam de modo menos desvantajoso sobre a arte trágica, que assenta mais sobre o ético.[27] Talvez seja ela a única a receber reparo pelo roubo que nossa cultura perpetrou contra a arte em geral.

Assim como a comoção trágica é enfraquecida pela intromissão de representações e sentimentos adversos, reduzindo-se desse modo o seu prazer, ela pode ao contrário exorbitar, pela excessiva aproximação ao afeto originário, a tal grau que isso

---

[26] *NT:* "tivéssemos" [*müssten*] em lugar de "temos" [*müssen*].

[27] Esse período foi significativamente modificado por Schiller em relação à versão que constava na *NT*, onde se lê (grifos meus, indicando os trechos alterados): "Se nós modernos tivéssemos realmente de abrir mão de restabelecer algum dia a arte grega, **quando não mesmo a superar, apenas a tragégia poderia constituir uma exceção** [*wo nicht gar übertreffen, so dürfte die Tragödie allein eine Ausnahme machen*]. Talvez seja ela [...]".

torna a dor preponderante. Já notamos que o desprazer nos afetos tem sua origem na relação de seu objeto com nossa sensibilidade, assim como o prazer com eles [tem sua origem] na relação do afeto mesmo com nossa eticidade. Entre sensibilidade e eticidade é pressuposta, desse modo, uma relação determinada, decisiva para a relação do desprazer com o prazer em comoções tristes, que não pode ser modificada ou invertida sem simultaneamente inverter os sentimentos de prazer e desprazer nas comoções ou transformá-los no seu contrário. Quanto maior a vivacidade com que a sensibilidade acorda em nosso ânimo,[28] tão mais fracamente atuará a eticidade e, inversamente, tanto mais ganha essa em força quanto aquela perde em seu poder. Assim, porque limita a eticidade, aquilo que dá à sensibilidade preponderância em nosso ânimo tem de necessariamente reduzir o nosso deleite com as comoções, que flui unicamente dessa eticidade – assim como tudo o que lhe dá impulsão em nosso ânimo torna menos torturante a dor, mesmo nos afetos originários. Mas nossa sensibilidade consegue efetivamente essa preponderância quando as representações do sofrimento elevam-se a tal grau de vivacidade que não nos resta qualquer possibilidade de diferenciar o afeto compartilhado do originário, nosso próprio Eu do sujeito que sofre, ou a verdade da poesia. Do mesmo modo, ela consegue a preponderância quando alimentada por um amontoado de seus objetos e pela luz ofuscante que propaga sobre eles uma excitada faculdade da imaginação. Em contrapartida, nada é mais apropriado para reconduzi-la aos seus limites do que o auxílio de |ideias éticas|, suprassensíveis, com as quais a razão reprimida se apruma, como com apoios espirituais, para elevar-se, acima do turvo círculo nebuloso [*Dunstkreis*] dos sentimentos, a um horizonte mais claro.[29] Daí o grande atrativo

---

[28] *NT:* "em nosso ânimo" [*in unserm Gemüthe*] omitido.

[29] A passagem contém um jogo de palavras intraduzível, uma vez que *trüb*, "turvo", também significa "triste", e *heiter*, "claro", também significa "alegre".

que tiveram, para todos os povos bem-formados [*gebildet*], verdades universais ou máximas éticas salpicadas no lugar certo do diálogo dramático, e o uso quase exagerado que já os gregos delas faziam. Após um estado prolongado de mero sofrimento, nada é mais bem-vindo para um ânimo ético do que ser despertado da serventia dos sentidos para a atividade autônoma e ser recolocado em sua liberdade.

Isso basta acerca das causas que limitam a nossa compaixão[30] e que estão no caminho do deleite com a comoção triste. Agora cabe enumerar as condições sob as quais a compaixão é promovida e o prazer da comoção despertado de modo mais forte e indefectível.

Toda compaixão pressupõe |representações| do sofrimento, e seu grau orienta-se pela vivacidade, verdade, completude e duração delas.

I. Quanto |mais vivazes| as representações, tanto mais o ânimo é convidado à atividade, tanto mais é estimulada [*gereizt*] a sua sensibilidade, e tanto mais, portanto, é também intimada à resistência a sua faculdade ética. Representações do sofrimento podem ser obtidas, contudo, por dois caminhos diferentes, os quais não são do mesmo modo favoráveis à vivacidade da impressão. Os sofrimentos de que somos testemunhas nos afetam de modo inigualavelmente mais forte do que os que experimentamos somente por narração ou descrição. Aqueles suspendem o jogo livre da nossa faculdade da imaginação e, na medida em que acertam imediatamente nossa sensibilidade, penetram até nosso coração pelo caminho mais curto. Na narração, em contrapartida, o particular é primeiramente elevado ao universal e a partir desse, então, é conhecido o particular; por meio dessa operação necessária do entendimento, portanto, já é subtraída à impressão muito de sua força. Uma impressão fraca, contudo, não se apoderará integralmente do ânimo, dando espaço para que

---

[30] *NT*: "compaixões" [*Mitleiden*] em lugar de "compaixão" [*Mitleid*].

representações estranhas perturbem o seu efeito e dispersem a atenção. Muito frequentemente, a apresentação[31] narrativa também nos transfere do estado de ânimo das personagens [*Personen*] agentes para o do narrador, o que interrompe a ilusão [*Täuschung*] que é tão necessária à compaixão. Toda vez que o narrador põe-se à frente, em sua própria pessoa [*Person*], surge uma paralisação na ação e, desse modo, também inevitavelmente em nosso afeto compadecente. Isso acontece mesmo quando o poeta dramático se perde no diálogo e põe nos lábios da personagem que fala considerações que só um espectador frio pode fazer. Seria difícil [pensar em] uma de nossas modernas tragédias livre desse erro, embora apenas as francesas o tenham elevado a uma regra. O presente vivo e imediato e a sensificação [*Versinnlichung*] são, assim, necessários para dar às nossas representações do sofrimento a força que é exigida para um alto grau de comoção.

II. Contudo, quando lhes falta |verdade|, podemos obter as impressões mais vivazes de um sofrimento sem sermos, todavia, levados a um grau notável de compaixão. Temos de formar um |conceito| do sofrimento que devemos compadecer. Para isso, é preciso um acordo entre ele e algo que já está dado previamente em nós. A possibilidade da compaixão baseia-se, justamente, na percepção ou pressuposição de uma |semelhança| entre nós e o sujeito que sofre. Em toda parte onde tal semelhança se deixa reconhecer, a compaixão é necessária; onde ela falta, impossível. Quanto maior e mais visível a semelhança, tão mais vivaz a nossa compaixão; quão mais diminuta é aquela, mais fraca também essa. Se devemos

---

[31] Optou-se pelo termo "apresentar" para traduzir *darstellen*, em lugar de "expor", que constitui uma alternativa possível e relativamente comum em português. Essa decisão leva em conta o fato de que, nesse período, Schiller refere-se com maior frequência a uma exposição visual ou sensível (de personagens, de algo que se dá à nossa imaginação), para a qual o primeiro parece mais adequado, e menos a uma exposição abstrata ou conceitual (de argumentos, de significados), para a qual o segundo seria mais apropriado.

nos solidarizar com um outro em seu afeto, todas as condições |internas| para ele têm de estar dadas em nós mesmos, de modo que a causa |externa| cuja unificação com elas deu surgimento ao afeto possa exprimir igual efeito em nós. Temos de ser capazes, sem nos fazer coação, de trocar de pessoa com ele, de imputar momentaneamente nosso próprio Eu a seu estado. Mas como é possível sentir em |nós| o estado de um outro se não nos descobrimos primeiramente nesse outro?

Essa semelhança diz respeito à fundação toda do ânimo, na medida em que é necessária e universal.[32] Mas o que primordialmente contém universalidade e necessidade é a nossa |natureza ética|. A faculdade sensível pode ser determinada de modos diferentes por causas contingentes; mesmo nossas faculdades de conhecimento são dependentes de condições que se modificam. Só a nossa eticidade assenta sobre si mesma e é, justamente por isso, a mais propícia para fornecer uma norma universal e segura para essa semelhança. Chamamos, assim, de |verdadeira| uma representação que descobrimos estar de acordo com nossa forma [Form] de pensar e sentir, que detém já certo parentesco com nossa própria série de pensamentos, que é apreendida com facilidade por nosso ânimo. Se a semelhança diz respeito ao que é nele peculiar – às determinações |particulares| do caráter humano universal em nós, nas quais podemos deixar de pensar sem prejuízo a tal caráter universal –, a representação possui apenas verdade para |nós|; se ela diz respeito à forma universal e necessária que pressupomos em toda a espécie, podemos estimar a verdade igual à verdade objetiva. Para um romano, o veredito do primeiro Brutus e, o suicídio de Catão, possuem verdade subjetiva.[33] As representações e sentimentos dos quais fluem

---

[32] *NT:* "universal e necessária" [*allgemein und nothwendig*] em lugar de "necessária e universal" [*nothwendig und allgemein*].

[33] Lucius Junius Brutus ([?]-509 a.C.), um dos fundadores da república romana e também um de seus primeiros cônsules, participou da sentença que condenou à morte seus dois filhos, Tiberius Junius Brutus e

as ações desses dois homens não se seguem de modo imediato da natureza humana universal, mas antes, mediatamente, de uma natureza humana determinada de modo particular. Para partilhar com eles tais sentimentos, temos de possuir uma mentalidade [*Gesinnung*] romana, ou antes ser capazes de admiti-la momentaneamente. Em contrapartida, precisamos ser apenas |seres humanos em geral| para que nos coloquem em alta comoção o heroico sacrifício de um Leônidas, a tranquila resignação de um Aristides, a morte por vontade própria de um Sócrates; para que nos arraste às lágrimas a terrível mudança de sorte de um Dario.[34] Concedemos a tais

---

Titus Junius Brutus, por envolvimento na Conspiração Tarquiniana, que visava à restauração da monarquia. A principal fonte para os acontecimentos pertinentes à fundação da república romana é a obra de Tito Lívio, *Ab urbe condita libri*, mas a condenação de Tiberius e Titus é também narrada na *Vida de Publícola*, de Plutarco, cap. 5-7. O político Marcus Porcius Cato Uticensis (95 a.C.–46 a.C.), ou Catão, o Jovem, cometeu suicídio por recusar-se a viver, como republicano, sob a liderança de César. O episódio é narrado na *Vida de Catão, o Jovem*, de Plutarco, cap. 69-70.

[34] Leônidas I (c. 540 a.C.-480 a.C.), líder dos gregos que lutaram contra Xerxes I na Batalha das Termópilas, durante a Segunda Guerra Médica, falecido heroicamente ao instruir um grande contingente de suas tropas a deixar o campo de batalha, permanecendo no estreito com um grupo limitado de soldados. Nas *Histórias* (Livro 7, cap. 220), Heródoto sugere que uma das possíveis razões para essa decisão seria garantir a segurança da maior parte do exército grego, o que justificaria a referência à manobra como um "sacrifício". Aristides, o Justo (530 a.C.-468 a.C.), estadista ateniense condenado ao ostracismo que, durante a votação que decidiu o seu destino, teria escrito o próprio nome no voto de um iletrado que pedira seu auxílio. O episódio é narrado na *Vida de Aristides*, de Plutarco, cap. 7. Sócrates (470 a.C.-399 a.C.), filósofo ateniense condenado à morte por meio da ingestão voluntária de cicuta. Seu julgamento constitui o tema central da *Apologia* e é abordado em diversos outros diálogos platônicos, bem como em obras de Xenofonte. Schiller está provavelmente referindo-se a Dario III (c. 380 a.C.– 330 a.C.), último rei do Império Aquemênida, cujas sucessivas derrotas levaram à conquista da Pérsia por Alexandre, o Grande, embora teoricamente possuísse, em diversas ocasiões, superioridade militar. Schiller contrapõe as figuras desses

representações verdade objetiva, em contraste com as anteriores, porque estão de acordo com a natureza de |todos| os sujeitos, obtendo por isso uma universalidade e necessidade tão estritas como se fossem independentes de qualquer condição subjetiva.

Aliás, a narrativa subjetivamente verdadeira não deve ser confundida com [uma narrativa] arbitrária só porque diz respeito a determinações contingentes. Afinal, o subjetivamente verdadeiro também flui da instituição universal do ânimo humano, que foi meramente determinada de modo particular por circunstâncias particulares, sendo ambos condições necessárias para ele.[35] A deliberação de Catão poderia também não ser mais subjetivamente verdadeira se estivesse em contradição com as leis universais da natureza humana. O fato é, simplesmente, que apresentações desse último tipo possuem um raio de ação mais restrito, pois pressupõem ainda outras determinações além daquelas que são universais. A arte trágica pode servir-se delas com grande e intensivo efeito, se abdicar de um efeito extensivo. Todavia, seu material mais profícuo será permanentemente aquilo que é incondicionalmente verdadeiro, o simplesmente |humano| nas relações humanas, pois só assim ela se encontra assegurada de sua |universalidade| sem ter de abrir mão da |força| da impressão.

III. Para a vivacidade e verdade das narrativas trágicas requer-se ainda, em terceiro lugar, |completude|. Tem de esgotar-se na representação tudo o que tem de ser dado de fora para pôr o ânimo em movimento do modo que temos por fim. Se o espectador, mesmo com a mentalidade romana, deve apropriar-se do estado de alma de Catão, se deve tornar sua a deliberação última desse republicano, tem de

---

dois monarcas em uma passagem da *História da Guerra dos Trinta Anos* [*Geschichte des Dreißigjährigen Kriegs*] (cf. SCHILLER, 1862, p. 234).

[35] *NT:* "igualmente condições necessárias" [*gleich notwendige Bedingungen*] em lugar de "condições necessárias" [*notwendige Bedingungen*]. "Igualmente" suprimido nos *EM*.

encontrá-la fundada não apenas na alma do romano, mas também nas circunstâncias; tem de ter dele tanto a situação externa quanto a interna diante dos olhos, em todo o seu contexto e amplitude; não pode tampouco faltar um único elo na cadeia de determinações à qual está ligada de modo necessário a deliberação última do romano. Em geral, nem mesmo a verdade de uma narrativa é reconhecível sem essa completude, pois somente a semelhança das |circunstâncias| – as quais temos de discernir perfeitamente – pode justificar nosso juízo acerca da semelhança das |sensações|, já que o afeto emana unicamente da unificação das condições externas e internas. Quando se trata de decidir se teríamos agido como Catão, temos de imaginar-nos, antes de qualquer coisa, em toda a sua situação externa; só então nos é consentido manter as nossas sensações junto às suas, tirar uma conclusão acerca da semelhança e pronunciar um juízo sobre a sua verdade.

Essa completude da narrativa só é possível por meio da conexão de várias representações e sensações individuais que se comportam umas em relação às outras como causa e efeito, e perfazem em sua concatenação um todo para o nosso conhecimento. Se devem nos comover de modo vivaz, todas essas representações têm de causar uma impressão imediata em nossa sensibilidade e ser ocasionadas por uma ação presente, já que a forma narrativa sempre enfraquece tal impressão. Da completude de uma narrativa trágica faz parte, portanto, uma série de ações individuais sensificadas que se unem em uma ação trágica como em um todo.

IV. Finalmente, se um alto grau de comoção deve ser despertado por meio das representações do sofrimento, elas têm de atuar sobre nós de modo |continuado|. O afeto em que os sofrimentos alheios nos colocam é um estado de coação para nós, do qual corremos a nos libertar, e muito facilmente desaparece a ilusão [*Täuschung*] tão indispensável para a compaixão. O ânimo tem, portanto, de ser aferrado com violência a essas representações, para que lhe seja roubada a liberdade de arrebatar-se cedo demais à ilusão. A vivacidade das representações e a força das impressões que assaltam nossa sensibilidade não bastam sozinhas para isso. Pois quanto maior é a veemência com que é estimulada [*gereizt*] a faculdade receptiva, tão mais fortemente se exprime a faculdade reativa da alma para vencer essa impressão. O poeta que deseja nos comover não pode, contudo, enfraquecer essa faculdade de atividade autônoma. Pois é justamente em sua luta com o sofrimento da sensibilidade que reside o alto gozo que nos proporcionam as comoções tristes. Logo, se o ânimo deve permanecer fixo às sensações do sofrimento, não obstante sua atividade autônoma que as contraria, elas devem ser periodicamente interrompidas com habilidade, mesmo substituídas por representações opostas − para que, em seguida, retornem com força crescente, renovando com frequência tanto maior a vivacidade da primeira impressão. A |troca| das sensações é o meio mais forte contra o cansaço, contra os efeitos do hábito. Essa troca refocila outra vez a sensibilidade esgotada, e a gradação das impressões desperta a faculdade de atividade autônoma para uma resistência proporcional [*verhältnismäßig*]. Ela tem de permanecer incessantemente ocupada em manter a sua liberdade contra a coação da sensibilidade, sem entretanto conseguir a vitória antes do fim nem muito menos sucumbir na luta. Caso contrário, já se foi no primeiro caso o sofrimento, no segundo a atividade, e apenas a unificação de ambos desperta a comoção. O grande segredo da arte trágica baseia-se justamente na hábil condução dessa luta; é nisso que ela se mostra em sua luz mais brilhante.

Para isso, também é necessária uma série de representações alternadas, portanto uma conexão conforme a fins de várias ações correspondentes a essas representações. Em torno dessas ações se desenrola completamente a ação principal e, por meio dela, a impressão trágica visada, como um novelo do fuso, envolvendo finalmente o ânimo como que com uma rede indilacerável. Se me for aqui permitida essa imagem, o artista primeiramente coleta com parcimônia [*wirtschaftlich*] todos os raios |individuais| do objeto de que faz a ferramenta do seu fim trágico, e eles se tornam, em suas mãos, um relâmpago que incendeia todos os corações. Se o iniciante arremessa de uma só vez, e infrutiferamente, toda a trovoada [*Donnerstrahl*] do terror e do temor sobre os ânimos, aquele alcança o alvo passo a passo, apenas por meio de pequenos golpes, e atravessa |totalmente| a alma justamente porque a comove paulatina e gradativamente.

Quando agora tiramos os resultados das investigações até aqui, são as seguintes as condições que estão no fundamento da comoção trágica. |Primeiramente|, o objeto de nossa compaixão tem de pertencer à nossa espécie em todo o sentido dessa palavra, e a ação que devemos compadecer tem de ser moral, i. e., estar compreendida sob o domínio da liberdade. |Em segundo lugar|, o sofrimento, suas fontes e graus têm de ser completamente comunicados a nós em uma sequência de eventos conectados, e, na verdade, |em terceiro lugar|, presentificados sensivelmente, apresentados não de modo mediato por meio da descrição mas antes imediatamente, por meio da ação. A arte unifica e cumpre todas essas condições na tragédia.

A tragédia seria, por conseguinte, a imitação poética de uma série concatenada de eventos (de uma ação completa) que nos mostra seres humanos em um estado de sofrimento e que tem por propósito incitar a nossa compaixão.

Ela é, em primeiro lugar – |imitação| de uma ação.[36] O conceito de imitação a diferencia das demais espécies da arte poética, que meramente narram ou descrevem. Nas tragédias, os eventos individuais são colocados frente à faculdade da imaginação ou aos sentidos como presentes, no momento de seu ocorrer – imediatamente, sem intromissão de um terceiro. A epopeia, o romance, a narração simples deslocam a ação para longe já por sua forma, pois introduzem

---

[36] *NT:* "Imitação – de uma ação" [*Nachahmung – einer Handlung*] em lugar de "– imitação de uma ação" [– *Nachahmung einer Handlung*].

o narrador entre o leitor e as personagens agentes. Mas aquilo que está afastado, que é passado, enfraquece, como se sabe, a impressão e o afeto compadecente; aquilo que é presente o reforça. Todas as formas narrativas tornam o presente passado; todas as [formas] |dramáticas| tornam o passado presente.

A tragédia é, em segundo lugar, imitação de uma série de |eventos|, de uma |ação|. Ela apresenta, imitando, não meramente as sensações e afetos das personagens trágicas, mas também os eventos dos quais eles emanaram e que dão ocasião para que eles se exprimam. Isso a diferencia dos gêneros poéticos líricos que, é verdade, imitam do mesmo modo poeticamente certos estados do ânimo, mas não ações. Uma elegia, uma canção [*Lied*], uma ode podem pôr diante de nossos olhos, imitando, as qualidades de ânimo presentes do poeta, condicionadas por circunstâncias particulares (seja em sua própria pessoa, ou em uma pessoa ideal). Nessa medida, estão realmente contidas no conceito de tragédia, mas ainda não o perfazem, pois se limitam meramente a apresentações de sentimentos. Diferenças ainda mais essenciais residem nos diferentes fins desses gêneros poéticos.

A tragédia é, em terceiro lugar, imitação de uma |ação completa|. Um acontecimento individual, por mais que possa ser trágico, não dá ainda uma tragédia. Se deve ser reconhecida a verdade, i. e., o acordo de um afeto ou de um caráter representado, e de coisas como tais, com a natureza de nossa alma – sobre o que se funda, unicamente, nosso compadecimento –, vários eventos, fundados uns nos outros como causa e efeito, têm de se unir, de modo conforme a fins, uns aos outros em um todo. Nossa compaixão jamais será acordada se não sentirmos que teríamos nós mesmos sofrido e agido do mesmo modo em circunstâncias iguais. Isso depende, portanto, de seguir a ação representada em todo o seu contexto, de vê-la fluir para fora da alma de seu autor por uma gradação natural com a cooperação de circunstâncias externas. Assim surge, cresce e consuma-se, frente a nossos olhos a curiosidade de Édipo, o ciúme de Otelo.[37] Só assim pode ser também preenchida a grande distância que se encontra entre a paz de uma alma inocente e os tormentos de consciência de um criminoso, entre a segurança orgulhosa de alguém que é feliz e sua terrível derrocada; em suma, entre a tranquila disposição de ânimo do leitor no começo e a veemente excitação de suas sensações no final da ação.

Exige-se uma série de vários incidentes concatenados para incitar em nós uma mudança nos movimentos do ânimo que tensione a atenção, que convoque cada faculdade de nosso espírito, que anime o impulso de atividade que se cansa e o inflame com veemência tanto maior justamente por meio da satisfação retardada. Contra os sofrimentos da sensibilidade o ânimo não encontra ajuda em nenhum lugar senão na eticidade. Para intimá-la com maior premência, o artista trágico tem de prolongar, portanto, os martírios da sensibilidade. Mas também tem de dar-lhe satisfação[38] para tornar a vitória da eticidade mais difícil e gloriosa [*rühmlich*]. Ambas as coisas só são possíveis por meio de uma série de ações unidas com sábia escolha para esse propósito.

A tragédia é, em quarto lugar, imitação |poética| de uma ação digna de compaixão, e opõe-se, desse modo, à [imitação] |histórica|. Isso ela seria se perseguisse um fim histórico, se intentasse |instruir| sobre coisas ocorridas e sobre o modo de seu ocorrer. Nesse caso, ela teria de se deter estritamente na correção histórica, pois só atingiria seu propósito por meio da apresentação fiel daquilo que efetivamente ocorreu. A tragédia, contudo, possui um fim |poético|, i. e., ela apresenta uma ação para |comover| e para |deleitar| por meio da comoção. Ao lidar, portanto, com um material dado segundo esse

---

[37] Em *Édipo Rei*, de Sófocles, a curiosidade de Édipo em descobrir o assassino de Laio precipita as catástrofes que se abatem sobre Tebas; na peça de Shakespeare, as intrigas de Iago alimentam o ciúme de Otelo a respeito de sua esposa, Desdêmona.

[38] *NT:* "satisfações" [*Befriedigungen*] em lugar de "satisfação" [*Befriedigung*].

seu fim, ela se torna, justamente por isso, |livre| na imitação. Ela obtém o poder, mesmo a obrigação, de subordinar a verdade histórica às leis da arte poética e trabalhar o material dado segundo aquilo de que ela carece. Todavia, como só é capaz [*im Stande sein*] de atingir |seu| fim, a comoção, sob a condição do mais alto acordo com as leis da natureza, ela permanece, sem prejuízo de sua liberdade histórica,[39] sob a estrita lei da verdade natural, que se chama verdade poética, em contraste com a verdade histórica. Compreende-se, assim, como pode sofrer a verdade poética, não raro, sob a estrita observância da verdade histórica e, inversamente, como pode ganhar aquela com a lesão grosseira dessa. Uma vez que o poeta trágico, como em geral todo poeta, encontra-se somente sob a lei da verdade poética, a mais conscienciosa observância da verdade histórica nunca pode absolvê-lo de seu dever de poeta, nunca pode servir como desculpa para uma transgressão da verdade poética, para uma falta de interesse. Trai, desse modo, conceitos muito limitados da arte trágica, mesmo da arte poética em geral, pôr o poeta da tragédia perante o tribunal da história e exigir |instrução| de quem, já graças ao seu nome, só está obrigado à comoção e ao deleite. Mesmo quando o próprio poeta, por amedrontada submissão à verdade histórica, renunciou ao seu privilégio de artista, concedendo sigilosamente à história jurisdição sobre seu produto, a arte exige com toda a razão [*Recht*] o poeta perante a cadeira do |seu| juiz, e uma Morte |de Hermana|, uma |Minona|, um |Fust von Stromberg|[40] seriam chamadas tragédias medianas[41] mesmo seguindo minuciosamente os trajes, o caráter do povo e da época.

---

[39] "Liberdade histórica", ou seja, liberdade em relação à "verdade histórica".

[40] *A morte de Hermana* [*Hermanns Tod*] (1787), de Friedrich Gottlieb Klopstock; *Minona* (1785), de Heinrich Wilhelm von Gerstenberg; *Fust von Stromberg* (1782), de Jacob Maier.

[41] A versão da *NT* continha nesse ponto o trecho "se não sustentassem aqui essa prova" [*wenn sie hier die Prüfung nicht aufhielten*], suprimido nos *EM*.

A tragédia é, em quinto lugar, imitação de uma ação que nos |mostra seres humanos em estado de sofrimento|. A expressão |seres humanos| é, aqui, tudo menos supérflua [*müßig*], e serve para designar precisamente as fronteiras nas quais a tragédia está limitada na escolha de seus objetos. Apenas o sofrimento de seres sensivelmente morais, tais como o somos nós mesmos, pode despertar a nossa compaixão. Assim, são igualmente malpropícios para a tragédia seres absolvidos de toda |eticidade|, tais como os demônios malignos pintados pela superstição do povo ou pela faculdade da imaginação dos poetas, e seres humanos iguais a eles; bem como, ademais, seres que estão libertados da coação da |sensibilidade|, como pensamos [serem] as inteligências[42] puras, e seres humanos que se subtraíram a essa coação em grau mais alto do que permite a fraqueza humana. O conceito de sofrimento – e de um sofrimento que devemos compadecer – já determina, em geral, que apenas |seres humanos| no pleno sentido dessa palavra podem ser dele objeto. Uma inteligência pura não pode sofrer, e um sujeito humano que se aproxima, em grau inabitual, de uma tal inteligência pura não pode jamais despertar um alto grau de **pathos**, pois encontra em sua natureza ética um abrigo muito rápido contra os sofrimentos de uma sensibilidade fraca. Um sujeito completamente sensível, sem eticidade, e aqueles que dele se aproximam são, na verdade, capazes do mais terrível grau de sofrimento, pois sua sensibilidade atua em grau preponderante. Sem se aprumarem em qualquer sentimento ético, contudo, tornam-se presas dessa dor; e voltamo-nos para longe, com desgosto e aversão, de um sofrimento, de um sofrimento completamente desamparado, de uma absoluta inatividade da

---

[42] No original, *Intelligenz*. Schiller emprega esse substantivo de modo consistente para designar entes racionais, isso é, entes que possuem uma faculdade moral. Todas as suas ocorrências foram traduzidas por "inteligência", sem indicação no corpo do texto. Por outro lado, os adjetivos e advérbios "inteligente" e "de modo inteligente" traduzem *verständig*, que se refere antes à faculdade humana de compreensão ou uma particular aptidão para o seu uso.

razão. O poeta trágico, portanto, dá com justiça preferência aos caracteres mistos, e o ideal de seu herói reside em igual distância [*Entfernung*] entre o totalmente execrável e o perfeito.

Finalmente, a tragédia unifica todas essas propriedades |para incitar o afeto compassivo|. Vários dos preparativos realizados pelo poeta trágico poderiam ser usados de modo totalmente conveniente para um outro fim, p. e. moral, histórico, e outros. O fato de que o poeta trágico tenciona justamente esse fim, e nenhum outro, liberta-o de todas as exigências que não se concatenam com ele, mas simultaneamente torna também para ele um dever orientar-se por esse fim último em cada emprego particular das regras estabelecidas até aqui.

O fundamento último ao qual se relacionam todas as regras de um determinado gênero poético chama-se fim desse gênero poético; a união dos meios através dos quais um gênero poético atinge o seu fim chama-se a sua |forma|. Portanto, fim e forma estão, um com o outro, na mais precisa relação. A forma é determinada pelo fim e prescrita por ele como necessária, e o fim cumprido será o resultado da forma que é observada com êxito.

Uma vez que cada gênero poético persegue um fim que lhe é peculiar, ele se diferenciará dos demais, justamente por isso, através de uma forma peculiar – pois a forma é o meio através do qual ele atinge o seu fim. Ele tem de realizar aquilo que realiza exclusivamente em relação aos demais justamente graças às qualidades que possui exclusivamente em relação aos demais. O fim da tragédia é: |comoção|; sua forma: |imitação| de uma ação que leva ao sofrimento. Vários gêneros poéticos podem ter com a tragédia uma ação idêntica por objeto. Vários gêneros poéticos podem perseguir o fim da tragédia, a comoção, ainda que não como fim principal. O que diferencia essa última consiste, portanto, na relação da forma com o fim, i. e., no modo como ela lida com seu objeto em vista de seu fim, como atinge o seu fim por meio de seu objeto.

Se o fim da tragédia é incitar o afeto compassivo, mas se sua forma é o meio através do qual ela atinge esse fim, a imitação de uma ação comovente tem de ser o âmago de todas as condições sob as quais o afeto compassivo é incitado de modo o mais forte. A forma da tragédia é, portanto, a mais favorável para incitar o afeto compassivo.

O produto perfeito de um gênero poético é aquele no qual sua forma peculiar foi mais bem usada para atingir o seu fim. Uma tragédia perfeita, portanto, é aquela em que a forma trágica – a saber, a imitação de uma ação comovente – foi mais bem usada para incitar o afeto compassivo. Assim, a tragédia mais perfeita seria aquela na qual a compaixão incitada é menos efeito do material do que de uma forma trágica que é usada do melhor modo [possível]. Tal valeria como o |ideal| da tragédia.

Muitos dramas trágicos, de outro modo plenos de alta beleza poética, são maculados em sentido dramático porque não buscam atingir o fim da tragédia pelo melhor uso da forma trágica; outros assim o são porque atingem, pela forma trágica, um outro fim que não o da tragédia. Não poucas das nossas peças mais amadas comovem-nos unicamente graças ao material, e somos suficientemente generosos ou desatentos para contar essa propriedade da matéria como mérito do inábil artista. Em outras, parecemos não nos lembrar absolutamente do propósito para o qual o poeta reuniu-nos na casa de espetáculos e, satisfeitos de termo-nos agradavelmente entretido com jogos brilhantes da faculdade da imaginação e da sagacidade, nem sequer notamos que a deixamos com o coração frio. Deve a arte honorável (pois assim é a arte que fala para a parte divina de nossa essência) levar adiante sua causa por meio de tais lutadores perante |tais| juízes? A pouca exigência [*Genügsamkeit*] do público só é animadora para quem é mediano; para o gênio, contudo, ela é insultante e desencorajadora.[43]

---

[43] Na *NT*, constava ao final do texto a frase "Continuação no próximo número" [*Die Fortsetzung im nächsten Stücke*], removida nos *EM*. Com efeito, nenhum dos outros números do primeiro volume da *Neue Thalia* contém material original de Schiller. Excetuando-se traduções, o autor só voltaria a publicar no periódico a partir do segundo número do terceiro volume, que contém o artigo "Sobre graça e dignidade".

Sobre o patético

A apresentação do sofrimento – como mero sofrimento – nunca é o fim da arte, mas como meio para o seu fim [tal apresentação] é para ela extremamente importante. O fim último da arte é a apresentação do suprassensível, e a arte trágica põe isso particularmente em obra na medida em que sensifica para nós a independência [*Independenz*] moral em relação às leis naturais no estado do afeto. Somente a resistência que ele exprime à violência [*Gewalt*] dos sentimentos torna reconhecível o princípio livre em nós; a resistência, contudo, só pode ser avaliada segundo a força do ataque. Se a *inteligência* no ser humano deve se manifestar como uma faculdade independente da natureza, a natureza tem de ter primeiramente comprovado perante nossos olhos todo o seu poder. O *ser sensível* tem de *sofrer* profunda e veementemente; tem de haver **pathos** para que o ser racional possa dar a conhecer a sua independência [*Unabhängigkeit*] e apresentar-se *agindo*.

Nunca podemos saber se o *controle* [*Fassung*] do ânimo é efeito de nossa faculdade moral sem nos termos convencido de que não é um efeito da insensibilidade [*Unempfindlichkeit*]. Não há arte em tornar-se senhor de sentimentos que apenas deslizam [*bestreichen*] pela superfície da alma de modo leve e fugaz; manter, contudo, a liberdade de ânimo em uma tormenta que excita toda a natureza sensível, para isso é necessária uma capacidade [*Vermögen*] de resistência que é infinitamente sublime além de todo poder natural.[1] Alcançamos, portanto, a apresentação da liberdade moral apenas por meio da mais viva apresentação da natureza que sofre, e o herói trágico tem de ter-se primeiramente legitimado para nós como um ser que sente antes de prestarmos a ele homenagem como ser racional, e de crermos em sua força de alma.

O *pathos* é, portanto, para o artista trágico a exigência primeira e implacável, sendo-lhe permitido impulsionar a apresentação do sofrimento tão longe quanto possa ocorrer *sem desvantagem para o seu fim último*, sem repressão da liberdade moral. Ele tem de dar, seja a seu herói ou a seu leitor, toda a plena carga do sofrimento; caso contrário, permanece sempre problemático se sua resistência a ele é uma ação do ânimo, algo *positivo*,[2] e não muito antes meramente algo *negativo*, uma falta.

Esse último é o caso no drama trágico dos antigos franceses, em que muito raramente, ou nunca, temos à vista a *natureza que sofre*, vendo antes na maioria das vezes apenas o frio poeta declamatório, ou ainda o comediante que anda sobre pernas de pau. O tom gélido da declamação sufoca toda verdadeira natureza, e sua adorada *decência* torna plena e totalmente impossível para os tragediógrafos franceses retratar [*zeichnen*] a humanidade em sua verdade. A *decência* falsifica em toda parte a expressão da natureza, mesmo quando está no lugar certo, e entretanto a arte exige implacavelmente tal expressão. Mal podemos crer que um herói de dramas trágicos francês *sofra*, pois ele se expressa sobre o seu estado de ânimo como o ser humano mais tranquilo, e a incessante consideração com a impressão que causa nos outros nunca lhe

---

[1] A passagem remete ao §28 da *Crítica da faculdade do juízo*, de Kant. Cf. nota 17 à tradução de "Sobre o fundamento...", p. 24.

[2] Na *NT*, "algo *positivo*" [etwas *Positives*] aparecia entre parênteses, e não entre vírgulas.

permite deixar em liberdade a natureza em si mesmo. Os reis, as princesas e heróis de um Corneille[3] e Voltaire nunca se esquecem de seu *nível* mesmo no sofrimento mais veemente, e despem-se muito antes de sua *humanidade* do que de sua *dignidade*. São iguais aos reis e imperadores, nos velhos livros ilustrados, que se deitam ao leito com a coroa.

Como são totalmente diferentes os *gregos* e aqueles entre os modernos que poetaram com seu espírito. O grego nunca se envergonha da natureza; ele dá à sensibilidade os seus plenos direitos e está, entretanto, seguro de nunca ser por ela subjugado. Seu entendimento mais profundo e correto lhe permite diferenciar do necessário o contingente, de que o mau gosto faz obra capital; porém, tudo o que não é humanidade é contingente no ser humano. O artista grego que deve apresentar um Laocoonte, uma Níobe, um Filoctetes[4] nada

---

[3] Em "Sobre a arte trágica", Schiller se expressa de modo extremamente favorável ao *Cid* de Corneille. Cf. nota 23, p. 50-51.

[4] Laocoonte, sacerdote de Poseidon que, segundo a *Eneida* de Virgílio (Livro II, v. 41-51), tentou prevenir seus conterrâneos na Guerra de Troia contra o cavalo ofertado pelos gregos. Tendo ofendido a divindade, por razões que diferem segundo as versões do mito, foi castigado com o envio de serpentes gigantes que o estrangularam, juntamente com seus dois filhos. O episódio de sua morte é igualmente narrado na *Eneida* e será objeto de comentário mais detalhado na sequência do texto. Como deixam claras as observações de Schiller, o interesse pelo tema era recorrente nas investigações estéticas do período, e se estende ao longo do século XIX até, por exemplo, *O mundo como vontade e representação*, de Arthur Schopenhauer, onde é mencionado no Livro III. Além do próprio mito, destaca-se nesse debate o célebre conjunto escultural denominado *Gruppo del Laocoonte*, descoberto em 1506 durante escavações em Roma e desde então exposto no Museu do Vaticano. É sobre essa obra que se detém a análise de Winckelmann a que Schiller se refere no decorrer de seu trabalho. Na mitologia grega, Níobe causa indignação à deusa Leto por vangloriar-se de sua extensa prole e tem, por essa razão, os filhos assassinados por Apolo e Ártemis. Refugiando-se no Monte Sípilo (Turquia), é convertida em pedra, da qual brota uma corrente que seria formada por suas lágrimas. Encontram-se referências ao episódio em diversas fontes antigas, notadamente no Canto XXIV da *Ilíada* de Homero e na parte

sabe de princesas, reis ou filhos de reis; detém-se apenas no ser humano. Por isso o sábio escultor joga fora a vestimenta e mostra-nos apenas figuras nuas, embora saiba muito bem que esse não era o caso na vida real [*wirklich*]. As roupas são para ele algo contingente, a que o necessário jamais pode ser posposto, e as leis do decoro ou da carência não são as leis da arte. O escultor deve e quer nos mostrar o *ser humano*, e os paramentos o escondem; logo, ele os descarta com razão.

Do mesmo modo que o escultor grego joga fora a carga inútil e impediente dos paramentos para dar mais lugar à *natureza humana*, o poeta grego desobriga seus seres humanos da coação igualmente inútil e igualmente impediente da conveniência, e de todas as gélidas leis do decoro que apenas artificiam[5] com o ser humano, escondendo a natureza nele. A natureza que sofre fala a nosso coração de modo verdadeiro, sincero e profundamente penetrante na poesia homérica e nos trágicos; todas as paixões entram livres em jogo, e a regra do que é apropriado não detém nenhum sentimento. Os heróis são tão sensíveis a todos os sofrimentos da humanidade quanto qualquer um, e é justamente isso que faz deles heróis – o fato de que sentem o sofrimento forte e intimamente e, contudo, não são por isso sobrepujados. Amam a vida tão ardentemente

---

final da *Antígona* de Sófocles, onde a personagem-título compara o seu destino àquele que fora imposto à filha de Tântalo. Filoctetes, herói da Guerra de Troia e personagem central da tragédia homônima de Sófocles. Supõe-se que Ésquilo e Eurípides também tenham redigido tragédias, hoje perdidas, sobre esse mesmo tema, além do próprio Sófocles, que dedicara a ele uma segunda obra, *Filoctetes em Troia*.

5   No original, *künsteln*. Originariamente, o termo designava a prática de artes mágicas com vistas a replicar artificialmente procedimentos naturais (por exemplo, para a fabricação do ouro). À época de Schiller, seu emprego se tornara mais amplo, estendendo-se a trabalhos artificiais de modo geral, especialmente manuais. Sua ocorrência nessa passagem refere-se a esses dois campos semânticos, na medida em que, segundo o autor, as regras do decoro, artificialmente introduzidas pelo teatro francês com o objetivo de imitar a natureza, resultariam na verdade no seu falseamento. Cf. Grimm; Grimm (v. 11, p. 2688-2690).

quanto qualquer um de nós, mas essa sensação não os domina tanto a ponto de não poderem sacrificá-la quando os deveres da honra ou da humanidade o exigem. Filoctetes enche o palco grego com seus lamentos; nem mesmo o furioso Hércules[6] reprime sua dor. Destinada ao sacrifício, Ifigênia confessa com comovente franqueza separar-se com dor da luz do sol.[7] Em parte alguma busca o grego sua fama no embotamento e na indiferença em relação ao sofrimento, mas antes no [fato de] *suportá-lo* [*Ertragung*] com todo o seu sentimento. Mesmo os deuses dos gregos têm de pagar um tributo à natureza tão logo o poeta queira trazê-los mais para perto da humanidade. *Marte*, ferido, grita de dor tão alto quanto dez mil homens, e Vênus, lanhada por uma lança, sobe *chorando* ao Olimpo e abjura todos os combates.[8]

Essa sensibilidade [*Empfindlichkeit*] delicada para o sofrimento, essa cálida, sincera, verdadeira natureza ali aberta, que nos comove tão profunda e vivamente nas obras de arte gregas é um padrão de imitação para todos os artistas e uma lei que o gênio grego prescreveu à arte. Quem faz a primeira

---

[6] Schiller refere-se possivelmente a *As traquínias*, tragédia de Sófocles que se conclui com a imolação do herói divino grego. Hércules escolhe esse destino para livrar-se do veneno excruciante que sua esposa, Dejanira, aplicara a suas roupas supondo tratar-se de uma poção do amor.

[7] Na *Ifigênia em Áulis*, de Eurípides, Agamênon decide sacrificar aos deuses a própria filha, Ifigênia, para aplacar a ira de Ártemis, à qual se atribuía a ausência de ventos que impedia o exército grego de prosseguir até Troia. A passagem a que Schiller se refere tem lugar nos versos 1279-1280.

[8] Ambas as referências dizem respeito ao Canto V da *Ilíada* de Homero, em que Diomedes, auxiliado por Atena, realiza diversos feitos para os gregos. Após ser ferida na mão por sua lança (v. 335ff), Vênus implora chorando a seu irmão Marte que a ajude a retornar ao Olimpo (v. 355ff); posteriormente, o próprio Marte é por ela trespassado, e grita "como gritam nove mil ou dez mil homens" (v. 859ff). Para o uso de *verschwören* como o ato de efetuar um juramento negativo, isso é, uma abjuração, cf. Grimm; Grimm (v. 5, p. 1231-1234).

SOBRE O PATÉTICO

exigência ao ser humano é sempre e eternamente a *natureza*, que nunca pode ser rebotada; pois o ser humano é – antes de ser outra coisa – um ser que sente. A segunda exigência quem faz a ele é a *razão*, pois ele é um ser racional que sente, uma pessoa moral, para quem é dever não deixar a natureza dominá-lo, mas antes a dominar. Assim, somente quando, *em primeiro lugar*, foi dado à NATUREZA o seu *direito*, e quando, *em segundo lugar*, a RAZÃO tiver afirmado o seu, é permitido ao DECORO fazer ao ser humano a *terceira* exigência, injungindo-lhe a consideração em relação à sociedade tanto na expressão de suas sensações quanto de suas mentalidades, e injungindo-lhe – que se mostre como um ser *civilizado*.

A primeira lei da arte trágica era a apresentação da natureza que sofre. A segunda é a apresentação da resistência moral ao sofrimento.[9]

O afeto, enquanto afeto, é algo indiferente, e sua apresentação seria, considerada em si mesma, sem qualquer valor estético. Pois, para repeti-lo mais uma vez, nada que diz respeito meramente à natureza sensível é digno de apresentação. Por isso estão abaixo da dignidade da arte trágica não apenas todos os afetos que meramente adormentam (lânguidos), mas também, acima de tudo, todos os *graus mais altos* de quaisquer que sejam os afetos.

Os afetos lânguidos, as comoções meramente ternas, pertencem ao domínio do *agradável*, com o qual a bela arte não tem nada a ver. Eles deleitam meramente o sentido por meio da dissolução ou do adormentamento, e relacionam-se apenas ao estado externo, e não ao estado interno do ser humano. Pertencem a essa classe muitos de nossos romances e dramas trágicos – particularmente dos assim chamados *dramas* [*Dramen*] (meios-termos entre o drama cômico [*Lustspiel*] e o drama trágico [*Trauerspiel*]) e das amadas cenas familiares.

---

[9] O trecho do artigo "Do sublime" original que Schiller suprimiu nos *EM* encerrava-se, precisamente, com uma referência a essas duas leis da arte trágica. Cf. Schiller (2011, p. 51).

Eles têm por efeito apenas o esvaziamento do saco lacrimal e um voluptuoso alívio dos vasos; mas o espírito sai vazio, e a faculdade mais nobre do ser humano não é, por isso, de modo algum fortalecida. Do mesmo modo, diz Kant, muitos se sentem *edificados* [*erbaut*] por um sermão embora nada tenha sido neles *construído* [*aufgebaut*].[10] Também a música dos modernos parece visar primordialmente apenas à sensibilidade, adulando assim o gosto dominante que quer apenas que lhe façam cócegas de modo agradável, e não ser tomado, fortemente comovido, elevado.[11] Por isso, prefere-se tudo o que é *lânguido*, e por maior que seja o barulho em uma sala de concertos, fica-se subitamente todo ouvidos quando é executada uma passagem lânguida. Habitualmente, aparece então em todos os rostos uma expressão da sensibilidade que vai até o que é animal: flutuam inebriados os olhos, a boca aberta é toda apetição [*Begierde*], um tremor voluptuoso toma todo o corpo, a respiração é rápida e fraca, em suma, afloram todos os sintomas do embriagamento; distinta prova de que os

---

[10] Na "Observação geral sobre a exposição dos juízos estéticos reflexionantes", a qual se localiza entre os §§29 e 30 da *Crítica da faculdade do juízo*, Kant discute a relação do afeto com o sublime argumentando, como Schiller, que a mera afecção patológica pertence ao domínio do agradável e não possui, por si só, valor estético (KANT, AA 05: 271.37-274.12). Muitas ideias elaboradas nessa passagem são retomadas em "Sobre o patético", embora a questão da tragédia não se faça presente de modo notável na obra kantiana. O trecho a que Schiller faz referência lê-se do seguinte modo no original: "Muitos creem ser edificados por um sermão quando neles, entretanto, nada é construído (nenhum sistema de boas máximas); ou ser melhorados por um drama trágico quando estão meramente alegres com o tédio exitosamente enxotado" (KANT, AA 05: 274.06-09).

[11] Recorrente no debate moderno sobre o sublime, esta passagem parece fazer eco ao célebre trecho do prefácio à tradução do *Tratado do sublime* por Nicolas Boileau-Despréaux, onde o literato afirma que essa categoria estética corresponde a "esse extraordinário e esse maravilhoso que impressiona no discurso, e que faz com que uma obra enleve, arrebate, transporte" [*enlève, ravît, transporte*]. Cf. Boileau (2013).

sentidos se refestelam, mas de que o espírito, ou o princípio da liberdade no ser humano, se torna presa da violência da impressão sensível.[12] Todas essas comoções, digo, são excluídas da arte por um gosto nobre e viril, pois agradam apenas o *sentido*, com o qual a arte não deve ter comércio algum.

Por outro lado, são também excluídos todos aqueles graus do afeto que meramente *atormentam* o sentido, sem simultaneamente compensar por isso o espírito. Eles não reprimem menos a liberdade do ânimo pela *dor* do que aqueles pela *volúpia*, e podem, por essa razão, ter como efeito apenas a aversão, e não qualquer comoção que fosse digna da arte. A arte tem de deleitar o |espírito| e agradar a liberdade. Aquele que se torna presa da dor é meramente um animal atormentado, e não mais um ser humano que sofre; pois do ser humano se exige absolutamente uma resistência moral ao sofrimento, por meio da qual unicamente pode se tornar reconhecível o princípio da liberdade nele, a inteligência.

Por essa razão, entendem muito pouco da sua arte os artistas e poetas que creem atingir o **pathos** por meio da mera força [*Kraft*] *sensível* do afeto e da mais viva narrativa do sofrimento. Esquecem que o sofrimento mesmo nunca pode ser o *fim último* da apresentação, nunca a fonte *imediata* do

---

[12] Na *NT* constava neste ponto a seguinte nota, suprimida nos *EM*: "Não posso deixar de notar aqui (por mais que possa azedar com isso o gosto da moda) que se devem contar os amados desenhos de nossa Angelika Kauffmann nessa classe, i. e., do mero agradável, os quais nunca ou raramente se elevam até o belo. A artista *visava* muito mais a nosso *sentido* do que a nosso *gosto*, e prefere frustrar a verdade, negligenciar o desenho, sacrificar a força do que melindrar o sentido amolecido com uma alusão talvez dura ou mesmo apenas audaz da verdadeira natureza. Do mesmo modo, a magia do colorido e do sombreamento é frequentemente uma arte *meramente agradável*; logo, não é de admirar que o *primeiro olhar* e a *grande* turba sejam primordialmente por eles conquistados. Pois o sentido sempre julga *primeiro*, mesmo no conhecedor, e julga *sozinho* no não conhecedor". Nascida na Suíça, Angelika Kauffmann (1741-1801) destacou-se por trabalhos de cunho neoclássico, especialmente no domínio da pintura histórica.

deleite que sentimos com o trágico. O patético só é estético na medida em que é sublime. Mas efeitos que se pode concluir [que sejam] meramente de uma fonte sensível, e que são fundados meramente na afecção da faculdade do sentimento não são nunca sublimes, por maior que seja a força que sejam capazes de revelar [*verraten*]. Pois tudo o que é sublime provém *apenas* da razão.

Uma apresentação da mera paixão [*Passion*] (seja voluptuosa ou penosa) sem apresentação da faculdade suprassensível de resistência chama-se *baixa* [*gemein*], e o contrário se chama *nobre*. *Baixo* e *nobre* são conceitos que designam, em toda parte onde são utilizados, uma relação com a participação ou não participação da natureza suprassensível do ser humano em uma ação ou em uma obra. Nada é *nobre* a não ser aquilo que brota *da* razão; tudo o que a sensibilidade produz por si mesma é *baixo*. Dizemos de um ser humano que ele age de modo *baixo* quando meramente segue aquilo que lhe inspira [*Eingebungen*] seu impulso sensível; ele age *com decoro* quando só segue seu impulso levando em consideração as leis; ele age *de modo nobre* quando segue apenas a razão, sem levar em consideração os seus impulsos. Chamamos *baixa* uma fisionomia [*Gesichtsbildung*] que não torna de modo algum reconhecível a inteligência no homem; chamamo-la *expressiva* [*sprechend*] quando é o espírito que determina as feições, e *nobre*, quando é um puro espírito que as determina. Chamamos uma obra da arquitetura *baixa* quando não mostra nada a não ser os fins físicos; chamamo-la *nobre* quando ela é, independentemente de todos os fins físicos, simultaneamente apresentação de ideias.

Digo, portanto, que o bom gosto não permite qualquer apresentação do afeto, por mais forte, que expresse meramente sofrimento físico e resistência física, sem tornar visível simultaneamente a humanidade mais alta, a presença [*Gegenwart*] de uma faculdade suprassensível – e, na verdade, pela razão [*Grund*] já desenvolvida, porque o sofrimento em si mesmo nunca é patético e digno de apresentação, apenas a resistência ao sofrimento. Por isso, são vedados tanto ao artista quanto ao poeta todos os graus absolutamente mais altos do afeto, pois todos reprimem a faculdade interna de resistência ou, antes, já pressupõem a sua repressão, uma vez que nenhum afeto pode atingir o seu grau absolutamente mais alto enquanto a inteligência no ser humano ainda oferecer alguma resistência.

Agora surge a questão: por meio do que essa faculdade de resistência suprassensível torna-se reconhecível em um afeto? Por nenhuma outra coisa senão pela dominação ou, de modo mais geral, pela luta [*Bekämpfung*] contra o afeto. Digo contra o *afeto* porque a sensibilidade também pode lutar; mas tal não é uma luta contra o afeto, e sim contra a causa que o produz – não é uma resistência moral, mas física, que também o verme exprime quando é pisado, e o touro quando é ferido, sem por isso incitar o **pathos**. O ser humano que sofre tem em comum com qualquer animal o fato de que busca dar expressão aos seus sentimentos, afastar-se de seu inimigo, pôr em segurança o membro que sofre, e é já o instinto que se encarrega disso sem antes interpelar sua vontade. Logo, isso não é ainda um **actus** de sua humanidade, não o torna ainda reconhecível como inteligência. A sensibilidade lutará sempre, é verdade, contra seu inimigo, mas nunca contra si mesma.

Em contrapartida, a luta contra o afeto é uma luta contra a sensibilidade, e pressupõe, portanto, algo que se diferencia da sensibilidade. O ser humano pode se defender do objeto que lhe faz sofrer com a ajuda de seu entendimento e de sua força muscular; contra o sofrimento mesmo ele não possui outras armas senão ideias da razão.

Portanto, onde deve ter lugar o **pathos**, elas têm de aparecer na apresentação, ou ser por ela despertadas. Ora, positivamente e em sentido próprio, ideias não podem ser apresentadas, pois nada pode corresponder a elas na intuição. Negativamente e indiretamente, entretanto, elas podem ser apresentadas, quando algo é dado na intuição para o que procuramos em vão as condições na *natureza*. Todo fenômeno cujo fundamento último não pode ser deduzido do mundo sensível é uma apresentação indireta do suprassensível.[13]

Mas como a arte alcança [o objetivo de] representar algo que está acima da natureza sem servir-se de meios sobrenaturais [*übernatürlich*]? Qual tem de ser o fenômeno que, executado por faculdades naturais (caso contrário não seria um fenômeno), não pode entretanto ser deduzido de causas físicas sem contradição? Essa é a tarefa, e como o artista a soluciona?

Temos de lembrar que os fenômenos que podem ser percebidos em um ser humano em estado de afeto são de duas espécies. Ou são tais que pertencem a ele apenas como animal, seguindo, como tais, meramente a lei natural sem que sua vontade pudesse dominá-los e sem que a faculdade autônoma nele pudesse ter sobre isso qualquer influência imediata.[14] O instinto os gera imediatamente, e eles obedecem cegamente às suas leis. Entre esses estão, por exemplo, os órgãos[15] da circulação sanguínea, da respiração e toda a superfície da pele. Mas mesmo os órgãos que estão submetidos à vontade nem sempre esperam por sua decisão; antes o instinto com frequência os põe imediatamente em movimento, particularmente quando a dor ou o perigo ameaçam o estado físico. Assim, o braço está com efeito sob o domínio da vontade; porém, quando agarramos algo quente sem saber, a retirada da mão não é, certamente, uma ação volitiva [*Willenshandlung*], antes é o instinto sozinho que a executa. Mais ainda. A fala é, certamente, algo que está sob o domínio da vontade, e entretanto o instinto

---

[13] Encontram-se também na "Observação geral..." alguns dos trechos mais citados pelos comentadores de Kant acerca da noção de "apresentação negativa" de ideias. Cf. Kant (AA 05:268.04-269.34; 274.13-20).

[14] Embora este período inicie-se com "Ou são tais..." [*Entweder sind es solche...*], a segunda espécie de fenômeno só será introduzida no parágrafo seguinte, quando Schiller emprega, então, a expressão "em segundo lugar" [*zweitens*].

[15] No original, *Werkzeuge*. Para o uso desse termo como sinônimo de órgão corporal, cf. Grimm; Grimm (v. 29, p. 421-422).

também pode dispor [*disponieren*] mesmo desse órgão e obra do entendimento, a seu bel-prazer e sem antes interpelar a vontade, tão logo uma grande dor ou mesmo um forte afeto nos surpreenda. Se o mais controlado estoico avistar de repente algo muito admirável ou inesperadamente terrível, se estiver ali quando alguém escorregar e estiver prestes a cair no abismo, ele deixará escapar involuntariamente uma exclamação em voz alta – não meramente um som inarticulado, mas antes uma palavra bem determinada – e a *natureza* nele terá agido antes da *vontade*. Isso serve, portanto, de prova de que há fenômenos no ser humano que não podem ser atribuídos à sua pessoa como inteligência, mas antes meramente ao seu instinto como faculdade natural.

Ora, há nele também *em segundo lugar* fenômenos que estão sob a influência e sob o domínio da vontade, ou que ao menos podem ser considerados tais que a vontade *teria podido impedir*; pelos quais, portanto, a *pessoa* e não o *instinto* deve responder. Convém ao instinto ocupar-se com cego zelo do interesse da sensibilidade; mas convém à pessoa limitar o instinto em consideração a leis. Por si mesmo, o instinto não atenta para nenhuma lei; cabe à pessoa cuidar para que não ocorra, por alguma ação do instinto, qualquer dano [*Eintrag*] às prescrições da razão. É certo, portanto, que não cabe ao instinto sozinho determinar de modo incondicional todos os fenômenos do ser humano em [estado de] afeto, podendo antes ser colocada uma fronteira para ele pela vontade do ser humano. Se o instinto determina sozinho todos os fenômenos do ser humano, nada mais é dado que pudesse lembrar a *pessoa*, tratando-se então de um mero ser natural, portanto de um animal, o que temos diante de nós. Pois animal se chama todo ser natural sob o domínio do instinto. Se a pessoa deve ser apresentada, têm de aparecer no ser humano alguns fenômenos contra o instinto, ou ao menos que não sejam por ele determinados. Para nos conduzir a uma fonte mais alta, já basta que eles não tenham sido determinados pelo instinto, tão logo discernimos que o instinto simplesmente teria de tê-los determinado de outro modo se seu poder [*Gewalt*] não tivesse sido quebrado.

Agora já estamos em condição de assinalar o modo como a faculdade autônoma suprassensível no ser humano, seu eu [*Selbst*] moral, pode ser levada à apresentação no afeto. – A saber, na medida em que todas as partes que obedecem meramente à natureza, das quais a vontade não pode dispor nunca ou ao menos [apenas] sob certas condições, traem a presença do sofrimento – na medida, porém, em que as partes que estão subtraídas ao *cego* poder [*Gewalt*] do instinto, sem obedecer necessariamente à lei natural, não mostram nenhum ou [apenas] um diminuto vestígio desse sofrimento, aparecendo, portanto, em certo grau livres. Ora, nessa desarmonia entre as feições que são gravadas na natureza animal segundo a lei da necessidade e aquelas que o espírito determina com atividade autônoma reconhecemos a presença de um *princípio suprassensível* no ser humano, que pode colocar um limite [*Grenze*] aos efeitos da natureza e que se torna reconhecível, justamente por isso, como algo que dela se diferencia. A parte meramente animal do ser humano segue a lei natural e pode, por isso, aparecer reprimida pela violência do afeto. Nessa parte manifesta-se, portanto, toda a força do sofrimento, o que serve simultaneamente como medida segundo a qual pode ser avaliada a resistência; pois só podemos ajuizar a força da resistência, ou o poder moral no ser humano, segundo a força do ataque. Quão mais decisiva e violentamente se exprime o afeto no *domínio da animalidade*, sem poder entretanto manter o mesmo poder no *domínio da humanidade*, mais se torna reconhecível esse último poder, mais gloriosamente se manifesta a autonomia moral do ser humano, mais patética é a apresentação e mais sublime é o ***pathos.****

---

* Sob o domínio da animalidade compreendo todo o sistema daqueles fenômenos no ser humano que estão sob o poder [*Gewalt*] cego do impulso natural, e que são perfeitamente explicáveis sem a pressuposição

Encontramos esse princípio estético tornado intuitivo nas estátuas dos antigos, mas é difícil trazer a conceitos e assinalar por meio de palavras a impressão que causa a visão sensivelmente viva. O grupo do Laocoonte e seus filhos é uma medida aproximada [*ohngefähr*] para aquilo que a arte figurativa [*bildend*] dos antigos foi capaz de realizar no patético. "Laocoonte", diz-nos Winckelmann em sua *História da arte* (p. 699 da edição de Viena[16]),

> [...] é uma natureza na mais alta dor feita à imagem de um homem que busca reunir contra ela a força de espírito consciente; na medida em que seu sofrimento intumesce os músculos e repuxa os nervos, o espírito armado com a força evidencia-se na fronte entufada, e o peito eleva-se pela respiração premida e pela contenção da expressão da sensação de modo a abarcar e cerrar a dor em si mesmo. O pávido suspiro, que puxa a respiração e que ele inspira, esgota o abdômen e torna ocos os lados, o que nos permite julgar, de certo modo, acerca do movimento de

de uma liberdade da vontade; sob o *domínio da humanidade*, contudo, aqueles que recebem da liberdade as suas leis. Se *falta* em uma apresentação o afeto no domínio da animalidade, ela nos deixa frios; se é ele que *domina* [*herrschen*], em contrapartida, no domínio da humanidade, ela nos enoja e indigna. No domínio da animalidade, o afeto tem de permanecer sempre *indissoluto*, caso contrário, falta o patético; a dissolução só deve ser encontrada no domínio da humanidade. Uma pessoa que sofre, representada a se lamentar e chorar, comoverá apenas de modo fraco, pois lamentos e lágrimas já dissolvem a dor no domínio da animalidade. Toma-nos de modo muito mais forte a dor muda e aferrada, para a qual não encontramos ajuda na *natureza*, tendo antes de buscar refúgio em alguma coisa que está acima de toda a natureza, e é justamente nessa *remissão* ao *suprassensível* que reside o *pathos* e a força trágica.

[16] A obra de Winckelmann foi publicada pela primeira vez em Dresden, em 1764. Schiller reproduz, praticamente sem alterações, um trecho que tem lugar nas p. 699-701 da edição de Viena, de 1776, sem destacá-lo do corpo principal do texto. A conversão para o formato de citação longa foi realizada nesse volume apenas para respeitar as convenções editoriais correntes.

suas entranhas. Seu próprio sofrimento parece, contudo, amedrontá-lo menos do que o padecimento de seus filhos, que voltam seus rostos para o pai e gritam por ajuda; pois o coração paterno manifesta-se nos olhos pesarosos, e o compadecer parece flutuar sobre eles em uma névoa turva.[17] Seu rosto lamenta-se, mas não grita, seus olhos estão voltados para a ajuda mais alta. A boca está plena e o lábio inferior caído carregado de pesar. No lábio superior repuxado para cima, contudo, ele está misturado à dor que, com uma emoção de desconsolo, como que por um imerecido e indigno sofrimento, evidencia-se até o nariz, fazendo-o inchar[18] e manifestando-se nas narinas[19] ampliadas e repuxadas para cima. Abaixo da fronte é figurado [*bilden*] com grande verdade o conflito entre dor e resistência, como que unificado em um ponto; pois enquanto a dor impulsiona as sobrancelhas para o alto, a renitência à dor pressiona para baixo a carne acima dos olhos contra[20] a pálpebra superior, de modo que ela é quase totalmente encoberta por [essa] carne que ultrapassa. O artista buscou mostrar mais desfraldada, empenhada e poderosa a natureza que não pôde embelezar. Ali onde está colocada a maior dor é onde se mostra também a maior beleza. O lado esquerdo, no qual a serpente instila veneno por meio de sua furiosa picada, é aquele que parece sofrer de modo mais veemente graças

---

[17] Para o uso de *Duft* como sinônimo de *Dunst*, cf. Grimm; Grimm (v. 2, p. 1500-1501).

[18] Em Winckelmann, "tornando-o inchado" [*dieselbe schwülstig macht*] em lugar de "fazendo-o inchar" [*dieselbe schwellen macht*]. Cf. Winckelmann (1776, p. 700).

[19] No original, *Nüsse*. Sobre o uso de *Nuss* ("noz") como sinônimo de *Nüster* ("narina"), cf. Grimm; Grimm (v. 13, p. 1014), onde essa passagem de Winckelmann é explicitamente citada.

[20] Winckelmann emprega a preposição *wider* em lugar de *gegen*, embora ambas, nesse contexto, possuam o mesmo significado. Cf. Winckelmann (1776, p. 700).

à sensação próxima do coração.[21] Suas pernas desejam elevar-se para esquivar-se ao seu mal; nenhuma parte está em [estado de] tranquilidade, mesmo os traços do cinzel ajudam a significar uma pele enrijecida.

Como é desenvolvida de maneira verdadeira e fina nessa descrição a luta da inteligência com o sofrimento da natureza sensível, e como são acertadamente assinalados os fenômenos nos quais se manifestam a animalidade e a humanidade, a coação natural e a liberdade da razão! Como se sabe, Virgílio narrou a mesma cena [*Auftritt*] em sua ***Eneida***;[22] mas não estava nos planos do poeta épico deter-se no estado de ânimo de Laocoonte como teve de fazer o escultor. Em Virgílio, toda essa narração é apenas algo secundário [*Nebenwerk*], e o propósito para o qual ela deve lhe servir é satisfatoriamente atingido pela mera apresentação do físico, sem que fosse para ele necessário permitir-nos lançar profundos olhares na alma do sofredor. Pois Virgílio não deseja mover-nos para a compaixão, mas antes atravessar-nos com o terror. Sob esse aspecto, portanto, o dever do poeta era meramente negativo, a saber, não impulsionar tão longe a apresentação da natureza que sofre a ponto de se perder toda expressão da humanidade ou da resistência moral, caso contrário teriam de seguir-se infalivelmente o desgosto e a aversão. Ele detinha-se, por isso, antes na apresentação da *causa* do sofrimento, achando por bem estender-se de modo mais circunstanciado sobre a temibilidade das duas serpentes e sobre a fúria com que atacavam a vítima de sua chacina do que sobre as sensações de tal vítima. Por essas passa apenas rapidamente, pois tinha de interessar-se em conservar sem enfraquecimento a representação de um tribunal de castigo divino e a impressão do terror. Se nos tivesse permitido, em

---

[21] Em Winckelmann seguia-se neste ponto o seguinte trecho, suprimido por Schiller: "e essa parte do corpo pode ser chamada uma maravilha da arte" [*und dieser Teil des Körpers kann ein Wunder der Kunst gennenet werden*]. Cf. Winckelmann (1776, p. 700).

[22] Livro II, v. 200-249.

contrapartida, saber tanto da pessoa de Laocoonte quanto o escultor, o herói da ação teria sido o ser humano que sofre, e não mais a divindade que castiga, perdendo o episódio a sua conformidade a fins para o todo.[23]

Conhecemos a narração de Virgílio já do insigne comentário de Lessing.[24] Mas o propósito para o qual Lessing a utilizou foi apenas tornar intuitivas as fronteiras entre a apresentação poética e pictórica com base nesse exemplo, e não desenvolver a partir dela o conceito do patético. Ela não me parece, contudo, menos utilizável para esse fim. Permitam-me, portanto, percorrê-la novamente sob esse aspecto.

> *Ecce autem gemini Tenedo tranquilla per alta*
> *(horresco referens) immensis orbibus angues*
> *incumbunt pelago, pariterque ad littora tendunt.*
> *Pectora quorum inter fluctus arrecta, jubaeque*
> *sanguineae exsuperant undas, pars caetera pontum*
> *pone legit, sinuatque immensa volumine terga.*
> *Fit sonitus spumante salo, jamque arva tenebant,*
> *ardenteis oculos suffecti saguine et igni,*
> *sibila lambebant linguis vibrantibus ora.*[25]

Aqui está dada a primeira das três condições do sublime do poder arroladas acima: a saber, uma poderosa força

---

[23] Na *Eneida*, Laocoonte suspeita do cavalo de Troia e atira contra ele uma lança, tentando convencer seus conterrâneos a rejeitar o presente dos gregos. O cavalo, entretanto, seria supostamente uma dádiva de Atena, e é por essa afronta à deusa que o sacerdote sofre depois o castigo das serpentes.

[24] *Laocoonte, ou sobre as fronteiras da pintura e da poesia* [*Laokoon, oder über die Grenzen der Malerei und Poesie*] (1766).

[25] Na tradução de Manuel Odorico Mendes: "De Tenedos (refiro horrorizado), juntas, direto à praia, eis duas serpentes, de espiras cento ao pélago se deitam: acima os peitos e as sanguíneas cristas entonam; sulca o resto o mar tranquilo, e se encurva engrossando o imenso tergo. Soa espumoso o páramo salgado: Já tomam terra; e, em sangue e fogo tintos, fulmíneos olhos, com vibradas línguas vinham lambendo as sibilantes bocas" (VIRGÍLIO, 2005, Livro II, v. 203-211, p. 51).

natural, armada para a destruição, que zomba de qualquer resistência.[26] O fato de que esse poderoso se torna também *temível*, e de que o temível se torna *sublime*, baseia-se em duas operações diferentes do ânimo, i. e., em duas representações que geramos em nós a partir de uma atividade autônoma. *Em primeiro lugar*, reconhecemos esse irresistível poder natural como temível na medida em que o cotejamos [*zusammenhalten*] com a fraca capacidade de resistência [*Widerstehungsvermögen*] do ser humano físico. *Em segundo lugar*, ele se torna para nós um objeto sublime na medida em que o relacionamos à nossa vontade, chamando à consciência sua absoluta independência de toda influência natural. Ora, somos *nós* que fazemos essas duas relações; o poeta não nos deu nada além de um objeto que, armado com um forte poder, esforça-se por exprimi-lo. Se *trememos* frente a ele, isso só ocorre porque *pensamos* em nós mesmos ou em uma criatura semelhante em luta com ele. Se nos sentimos sublimes ao tremer, é porque nos torna-mos conscientes de que, mesmo como vítimas desse poder, não teríamos nada a temer pelo nosso eu [*Selbst*] livre, pela autonomia das determinações de nossa vontade. Em suma, a apresentação é até aqui apenas contemplativamente sublime.

> *Diffugimus visu exsangues, illi agmine certo*
> *Laocoonta petunt.*[27]

---

[26] Schiller arrolara essas três condições na parte do artigo "Do sublime..." que não foi preservada nos *EM*, em um trecho onde se lê: "O subli-me é, desse modo, o efeito de três representações consecutivas: I. a representação de um poder físico objetivo; II. a representação de nossa impotência física subjetiva; III. a representação de nossa supremacia moral subjetiva" (SCHILLER, 2011, p. 40). Segundo o autor, no caso do "sublime contemplativo" apenas a primeira é apresentada ao espectador, que deve produzir as outras duas autonomamente com a imaginação; quando a segunda já está também dada na intuição tem-se o "sublime patético".

[27] Na tradução de Manuel Odorico Mendes: "Tudo exangue se espalha. O par medonho marchando a Laocoon [...]" (VIRGÍLIO, 2005, Livro II, v. 212-213, p. 51).

Agora o poderoso já é dado também como temível, e o sublime contemplativo passa a patético. Vemo-lo entrar efetivamente em luta com a impotência do ser humano. Seja Laocoonte ou nós [mesmos], o efeito é diferente apenas segundo o grau. O impulso solidário sobressalta [*aufschrecken*] o impulso de conservação, os monstros dispararam sobre nós e todo esquivar-se é em vão.

Agora já não depende mais de nós se desejamos medir esse poder com o nosso e relacioná-lo à nossa existência. Isso ocorre à nossa revelia no objeto mesmo. Portanto, nosso temor não possui, como no momento precedente, um fundamento meramente subjetivo em nosso ânimo, mas antes um fundamento objetivo no objeto. Pois mesmo que reconheçamos o todo como uma mera ficção da faculdade da imaginação, diferenciamos ainda nessa ficção uma representação que nos é comunicada de fora de outra que produzimos em nós a partir de uma atividade autônoma.

O ânimo perde, portanto, uma parte de sua liberdade, pois recebe de fora o que antes gerava por meio de sua atividade autônoma. A representação do perigo obtém uma aparência de realidade objetiva, e levamos a sério o afeto.

Se não fôssemos nada senão seres sensíveis, que seguem apenas o impulso de conservação, ficaríamos aqui paralisados, demorando-nos no estado do mero sofrimento. Mas há algo em nós que não participa das afecções da natureza sensível, e cuja atividade não se orienta por quaisquer condições físicas. Ora, segundo o modo como esse princípio de atividade autônoma (a índole moral) se desenvolveu no ânimo será dado mais ou menos espaço para a natureza que sofre, restando mais ou menos atividade autônoma no afeto.

Em ânimos morais, o temível (da faculdade da imaginação) passa rápida e facilmente ao sublime. Assim como a imaginação [*Imagination*] perde a sua liberdade, a razão faz valer a sua, e o ânimo *se amplia tanto mais para dentro quanto mais encontra limites* [*Grenzen*] *para fora.* Escorraçados de todos os entrincheiramentos que podem prover ao ser sensível um abrigo físico, lançamo-nos na indômita cidadela de nossa liberdade moral, ganhando justamente por isso uma absoluta e infinita segurança ao dar como perdido um abrigadouro meramente comparativo e precário no campo do fenômeno. Mas, justamente porque temos de chegar até essa aflição física antes de buscar ajuda em nossa natureza moral, não podemos granjear esse alto sentimento de liberdade senão com sofrimento. A alma comum [*gemein*] detém-se meramente nesse sofrimento e nunca sente no sublime do *pathos* mais do que o temível; um ânimo autônomo, em contrapartida, faz justamente desse sofrimento a passagem para o sentimento do mais magnífico efeito de sua faculdade, e sabe gerar o sublime de cada coisa temível.

> *Laocoonta petunt, ac primum parva duorum*
> *corpora gnatorum serpens amplexus uterque*
> *implicat, ac miseros morsu depascitur artus* [28]

O fato de que o ser humano moral (o pai) é atacado antes do [ser humano] físico causa grande efeito. Todos os afetos se tornam mais estéticos em segunda mão, e não há solidariedade mais forte do que aquela que sentimos com a solidariedade.

> *Post ipsum auxilio subeuntem ac tela ferentem*
> *corripiunt.* [29]

Agora era o momento de chamar a atenção para o herói como pessoa moral, e o poeta agarrou [*ergreifen*] esse momento. A partir de sua descrição, conhecemos todo o poder e fúria dos monstros hostis e sabemos como é vã toda resistência. Ora, se

---

[28] Na tradução de Manuel Odorico Mendes: "[...] Marchando a Laocoon, primeiro os corpos dos dois filhinhos seus abrange e enreda, morde-os e come das descozidas carnes" (VIRGÍLIO, 2005, Livro II, v. 213-215, p. 51).

[29] Na tradução de Manuel Odorico Mendes: "E ao pai, que armado corre, ei-las saltando" (VIRGÍLIO, 2005, Livro II, v. 216, p. 51).

Laocoonte fosse meramente um ser humano comum [*gemein*], ele se aproveitaria de sua vantagem e buscaria, como os demais troianos, em rápida fuga a sua salvação. Mas ele possui um coração no peito, e o perigo para seus filhos o detém, para sua própria danação. Já esse único traço [*Zug*] torna-o digno de toda a nossa compaixão. Mesmo que as serpentes fossem capazes de agarrá-lo a qualquer momento, isso já nos teria movido e abalado. Mas que isso ocorra justamente *no* momento em que ele se torna para nós digno de respeito como pai, que sua derrocada seja representada simultaneamente como consequência imediata do dever paterno cumprido, da terna preocupação com os filhos – isso inflama ao máximo nosso compadecimento. É ele mesmo que, por assim dizer, se sacrifica por livre escolha à danação, e sua morte se torna uma ação volitiva.[30]

Em todo **pathos**, portanto, o sentido tem de ser interessado pelo sofrimento, e o espírito pela liberdade. Se falta a uma apresentação patética uma expressão da natureza que sofre, ela é sem força *estética*, e nosso coração permanece frio. Se lhe falta uma expressão da índole ética, ela nunca pode ser *patética*, mesmo com toda a força sensível, e infalivelmente indignará nossa sensação. O ser humano que sofre tem de sempre brilhar através de toda a liberdade do ânimo, e o espírito autônomo, ou capaz de autonomia, através de todo sofrimento da humanidade.

Porém, a autonomia do espírito no estado de sofrimento pode manifestar-se de duas maneiras: seja *negativamente*, quando o ser humano ético não recebe sua lei do [ser humano]

---

[30] Na *NT*, a primeira parte do artigo "Do sublime..." encerrava-se neste ponto com a frase "Continuação no próximo número" [*Die Fortsetzung im nächsten Stücke*]. A segunda parte foi publicada no primeiro número do quarto volume sob o título "Desenvolvimento do sublime, continuado" [*Fortgesetzte Entwicklung des Erhabenen*]. Antes do texto, um subtítulo advertia: "(Veja o terceiro número da Neue Thalia 1793)" [*Siehe das dritte Stück der neuen Thalia 1793*]. Todas essas expressões foram removidas nos *EM*.

físico, não sendo permitido ao *estado* [exercer] qualquer causalidade sobre a *mentalidade*; seja *positivamente*, quando o ser humano ético *dá* a lei ao [ser humano] físico, e a mentalidade obtém uma causalidade sobre o estado. Do primeiro emana o sublime do *controle* [*Fassung*], do segundo o sublime da *ação*.

Todo caráter independente do destino é um sublime do controle. "Um espírito valente, em luta com a adversidade", diz Sêneca, "é um espetáculo atraente, mesmo para os deuses".[31] Uma visão como essa é o que nos dá o senado romano após a desgraça [*Unglück*] de Canas.[32] Mesmo o Lúcifer de Milton,[33] olhando em volta pela primeira vez no inferno, sua futura morada, atravessa-nos com um sentimento de admiração graças à sua força de alma. "Terrores, eu os saúdo",

---

[31] *De Providentia*, Livro I, Cap. 2, Seção 7. A passagem em latim, que não corresponde literalmente à citação de Schiller, é a seguinte: "*Ego vero non miror, si aliquando impetum capiunt spectandi magnos viros conluctantis cum aliqua calamitate*". Na tradução para o espanhol, de Juan Mariné Isidro: "*Yo por mi parte no me extraño si de vez en cuando (los dioses) conciben el deseo de contemplar a grandes hombres luchando contra algún desastre*" (SÊNECA, 2008, p. 69).

[32] Schiller refere-se à decisão do senado de prosseguir em luta após os romanos terem sido derrotados pelo exército cartaginês, menos numeroso, sob a liderança de Aníbal na Batalha de Canas (216 a.C.), uma das mais notáveis das Segundas Guerras Púnicas.

[33] *Paraíso perdido* [*Paradise Lost*] (1667), de John Milton (1608-1674). Schiller cita os versos 249-259 do Livro I com uma elipse não indicada no texto. No original: "[…] *Hail horrours, hail/ Infernal world, and thou profoundest Hell/ Receive thy new Possessor: One who brings/ A mind not to be chang'd by Place or Time./ The mind is its own place and in it self/ Can make a Heav'n of Hell* […]" (v. 249-254); "[…] *Here at least we shall be free* [...]" (v. 258-259). Cf. Milton (2007, p. 19). Referências a Milton eram comuns no debate estético do período. Burke recorre a ele muitas vezes no *Enquiry*, por exemplo, ao tratar da relação do sublime com a obscuridade (1998, p. 55; 57) e da influência das palavras sobre as paixões (p. 159). Na *Antropologia*, Kant menciona a "figura personificada da morte em Milton" (AA 07: 241.30-31) e, nas *Observações sobre o sentimento do belo e do sublime* [*Beobachtungen über das Gefühl des Schönen und Erhabenen*], a "narrativa de Milton do reino infernal" (AA 02: 208.27-28).

exclama, "e a ti, mundo subterrâneo, e a ti, mais profundo inferno! Receba seu novo hóspede. Ele vem a ti com um ânimo que nem o tempo nem o local irão refigurar. Ele habita seu ânimo, que criará para ele um céu no próprio inferno. Aqui finalmente estamos livres, etc". A resposta de Medeia no drama trágico pertence também a essa classe.[34]

O sublime do controle deixa-se *intuir*, pois se baseia na coexistência; o sublime da ação, em contrapartida, deixa-se apenas *pensar*, pois se baseia na sucessão, e é necessário entendimento para deduzir o sofrimento de uma deliberação livre. Por isso, apenas o primeiro [serve] para o artista figurativo, pois ele pode apresentar com êxito apenas o coexistente; o poeta, contudo, pode estender-se em ambos. Mesmo quando deve apresentar uma *ação* sublime, o artista figurativo tem de transformá-la em um controle sublime.

Para o sublime da ação exige-se não apenas que o sofrimento de um ser humano não tenha nenhuma influência sobre a sua qualidade moral, mas muito antes, inversamente, que ele seja obra de seu caráter moral. Isso pode se dar de duas maneiras. Seja de modo mediato e segundo a lei da liberdade, quando ele *escolhe* o sofrimento em respeito a algum dever. A representação do dever o determina, nesse caso, como um *motivo*, e seu sofrimento é uma *ação volitiva*. Seja de modo imediato e segundo a lei da necessidade, quando ele *expia* moralmente um dever que foi ultrapassado. A representação

---

[34] Schiller se refere à tragédia homônima [*Medée*] (1683) de Pierre Corneille. A confidente de Medeia, Nerina, pergunta-lhe o que lhe resta, sendo odiada por seu país e sendo-lhe infiel o esposo, ao que ela responde: "Eu! Eu, digo, e isso basta". A passagem é mencionada por Boileau como um exemplo de sublime na décima de suas *Reflexões críticas sobre algumas passagens do retórico Longino* [*Réflexions critiques sur quelques passages du rhéteur Login*], intitulada "Reflexão X, ou Refutação de uma dissertação do Sr. Le Clerc contra Logino" [*Réflexion X, ou Réfutation d'une dissertation de Monsieur Le Clerc contre Longin*], que discute, precisamente, aspectos pertinentes à tradução do *Tratado do sublime* de Longino e que contém, inclusive, algumas passagens utilizadas no prefácio. Cf. Boileau (1873, p. 407-408).

do dever o determina, nesse caso, como um *poder*, e seu sofrimento é meramente um *efeito*. Um exemplo do primeiro nos dá Régulo ao entregar-se à ânsia de vingança dos cartagineses para manter sua palavra;[35] servir-nos-ia como um exemplo do segundo se ele tivesse quebrado a sua palavra e se a consciência dessa culpa o tivesse feito [sentir-se] miserável. Em ambos os casos o sofrimento possui um fundamento moral, apenas com a diferença de que, no primeiro caso, Régulo nos mostra o seu caráter moral, no segundo meramente a sua destinação [*Bestimmung*] para isso. No primeiro caso ele aparece como uma pessoa moralmente grande, no segundo meramente como um objeto esteticamente grande.

Essa última diferença é importante para a arte trágica e merece, por isso, uma abordagem mais precisa.

O ser humano que torna representada para nós por meio de seu *estado* a dignidade da destinação [*Bestimmung*] humana já é um objeto sublime na mera avaliação estética mesmo que não encontrássemos tal destinação realizada em sua *pessoa*. Ele só se torna sublime na avaliação moral quando também se comporta como pessoa de modo conforme a tal destinação, quando nosso respeito vale não apenas para sua faculdade, mas para o uso dessa faculdade, quando a dignidade não convém meramente à sua índole, mas à sua conduta efetiva. É totalmente diferente se, em nosso juízo, direcionamos nossa atenção para a faculdade moral em geral e para a possibilidade de uma liberdade absoluta da vontade ou para o uso dessa faculdade e para a efetividade dessa liberdade absoluta da vontade.

É totalmente diferente, digo, e essa diversidade não reside apenas nos objetos ajuizados, mas antes nas diferentes maneiras do ajuizamento. O mesmo objeto pode nos

---

[35] Marco Atílio Régulo (c. 307 a.C.-250 a.C.), cônsul romano capturado pelos cartagineses em Túnis (255 a.C.), o qual, após ser libertado para negociar uma trégua, decide retornar a Cartago para cumprir sua promessa, onde veio por fim a perecer.

desagradar na avaliação moral e ser muito atraente para nós na [avaliação] estética. Mesmo, contudo, que nos satisfizesse em ambas as instâncias do ajuizamento, ele causa esse efeito em cada uma de um modo totalmente diferente. Ele não se torna moralmente satisfatório porque é utilizável esteticamente; e não se torna utilizável esteticamente porque satisfaz moralmente.[36]

Penso, por exemplo, no autossacrifício de Leônidas nas Termópilas.[37] Ajuizada moralmente, essa ação é para mim a apresentação da lei ética cumprida em total contradição com os instintos; ajuizada esteticamente, ela é a apresentação da faculdade ética independente de toda coação dos instintos. Essa ação *satisfaz* meu sentido moral (a razão); ela *encanta* meu sentido estético (a faculdade da imaginação).

Assinalo o seguinte fundamento para essa diversidade nas minhas sensações com esse mesmo objeto.

Assim como nosso ser [*Wesen*] se divide em dois princípios ou naturezas, também se dividem os nossos sentimentos, de modo conforme a eles, em dois gêneros totalmente diferentes. Como seres racionais sentimos assenso [*Beifall*] ou desaprovação; como seres sensíveis, sentimos prazer ou desprazer. Ambos os sentimentos, do assenso e do prazer, fundamentam-se em uma satisfação; o primeiro, na satisfação de uma *pretensão*, pois a razão apenas *exige*, mas não carece [de nada]; o último, na satisfação de um *interesse* [*Anliegen*], pois o sentido apenas *carece*,

---

[36] A passagem é ambígua e pode ser lida também em sentido de oposição, ou seja, indicando que o objeto que se qualifica para o ajuizamento moral se torna esteticamente inutilizável, e vice-versa. Nesse trecho do artigo tal afirmação parece contraditória, pois Schiller menciona objetos que permitem ambos os ajuizamentos. A leitura alternativa é possível, todavia, levando-se em consideração que na sequência do texto o autor termina concluindo que "o ajuizamento moral e o ajuizamento estético, longe de se darem apoio, estão muito antes um no caminho do outro".

[37] Sobre Leônidas, cf. nota 34 à tradução de "Sobre a arte trágica", p. 57-58.

e nada pode exigir. Ambas, as exigências da razão e as carências do sentido, relacionam-se umas com as outras como a necessidade [*Notwendigkeit*] com as necessidades [*Notdurft*]; ambas estão contidas no conceito de necessidade [*Necessität*],[38] apenas com a diferença de que a necessidade [*Necessität*] da razão tem lugar sem condições, e a necessidade [*Necessität*] dos sentidos meramente sob condições. Em ambas, contudo, a satisfação é contingente. Todo sentimento, seja do prazer ou do assenso, funda-se em última análise, portanto, num acordo do contingente com o necessário. Se o necessário for um imperativo, a sensação será assenso, se forem necessidades, ela será prazer, e ambas em um grau tão mais forte quanto mais contingente for a satisfação.

Ora, todo ajuizamento moral tem por fundamento uma exigência da razão de que se aja moralmente, dando-se a necessidade [*Necessität*] incondicionada de que desejemos o que é justo. Contudo, como a vontade é livre, é (fisicamente) contingente se vamos efetivamente fazê-lo. Se o fazemos efetivamente, esse acordo do acaso [*Zufall*] com o imperativo da razão no uso da liberdade obtém aprovação ou assenso, e na verdade em tão mais alto grau quanto o conflito com as inclinações tornara *esse* uso da liberdade mais contingente [*zufälliger*] e duvidoso.

Em contrapartida, na avaliação estética o objeto é relacionado à *carência da faculdade da imaginação*, a qual não pode

---

[38] Schiller define *Necessität* como um gênero que engloba duas espécies de necessidade: uma de cunho lógico, incondicionado, designada por *Notwendigkeit*; e outra de cunho mais geral, físico, para o qual emprega a palavra *Notdurft*. Essa determinação terminológica é de difícil reprodução em português. Optamos por manter "necessidade" para os dois primeiros, com as ocorrências de *Necessität* indicadas no corpo do texto, e utilizar o plural, "necessidades", para o último, uma vez que, flexionado desse modo, o substantivo refere-se precisamente àquilo de que se necessita de um ponto de vista físico (como na expressão "passar necessidades", ou ainda "fazer as suas necessidades", para a qual se usa, inclusive, a palavra *Notdurft* em alemão).

ordenar, apenas *requerer* que o contingente possa estar em acordo com o seu interesse. Mas o interesse da faculdade da imaginação é: conservar-se *livre de leis* no jogo.[39] Em relação a esse pendor para a desobrigação [*Ungebundenheit*], a obrigação ética da vontade, por meio da qual seu objeto é determinado para ela do modo mais estrito, é tudo menos favorável. E, uma vez que a obrigação ética da vontade é o objeto do juízo moral, vê-se facilmente que a faculdade da imaginação não pode encontrar vantagem[40] nesse modo de julgar. Mas uma obrigação ética da vontade só se deixa pensar sob a pressuposição de sua absoluta independência em relação à coação dos impulsos naturais. Logo, a *possibilidade* do ético postula a liberdade, e nisso se harmoniza, consequentemente, do modo mais perfeito com o interesse da fantasia. Mas como a fantasia não pode prescrever [algo] à vontade dos indivíduos por meio de sua carência, como a razão prescreve por meio de seu imperativo, a capacidade [*Vermögen*] da liberdade relacionada à fantasia é algo contingente, e tem, por isso, de despertar prazer como acordo do acaso com o (condicionalmente) necessário. Assim, se ajuizamos *moralmente* aquele ato de Leônidas, consideramo-lo sob um ponto de vista [*Gesichtspunkt*] em que salta menos aos olhos a sua contingência do que a sua necessidade. Se, em contrapartida, o ajuizamos *esteticamente*, consideramo-lo sob um ponto de vista [*Standpunkt*] em que se apresenta para nós menos sua necessidade do que sua contingência. É um *dever* para toda vontade agir assim, enquanto for vontade livre; que haja uma liberdade da vontade a qual torna possível agir assim, isso é um *favor* da natureza em vista daquela faculdade para a qual a liberdade é uma carência. Portanto, se o sentido

---

[39] A noção de "jogo livre" entre imaginação e entendimento remete à descrição do fenômeno do belo na *Crítica da faculdade do juízo* kantiana. Ela surge, também, no ensaio de Schiller "Sobre o fundamento do deleite com objetos trágicos".

[40] No original, *ihre Rechnung finden*. Sobre essa expressão idiomática, cf. Grimm; Grimm (v. 14, p. 360-361).

moral – a razão – ajuíza uma ação virtuosa, aprovação é o máximo que se pode seguir, pois a razão nunca pode encontrar *mais*, e raramente pode encontrar *tanto* quanto exige. Se, em contrapartida, é o sentido estético, a faculdade da imaginação, que ajuíza a referida ação, segue-se um prazer positivo, pois a faculdade da imaginação nunca pode exigir consonância com sua carência, e tem de, portanto, encontrar-se surpresa pela sua satisfação efetiva, como com um acaso feliz. Aprovamos que Leônidas *tenha efetivamente tomado* a heroica deliberação, regozijamos e ficamos encantados que ele *tenha podido* tomá-la.

A diferença entre as duas formas de ajuizamento salta ainda mais distintamente aos olhos quando se toma por fundamento uma ação a respeito da qual os juízos moral e estético redundam diferentes. Tomemos a autocremação de Proteus Peregrino em Olímpia.[41] Ajuizando-a moralmente, não posso dar assenso a essa ação, na medida em que encontro ativas nela pulsões [*Triebfeder*] impuras em razão das quais o *dever* da autoconservação é posto de lado. Ajuizando-a esteticamente, contudo, agrada-me essa ação, e ela me agrada, na verdade, porque dá testemunho de uma capacidade [*Vermögen*] da vontade de resistir mesmo ao mais poderoso de todos os instintos, o *impulso* de autoconservação. Na avaliação estética, não atento se aquilo que reprimiu o impulso de autoconservação no exaltado[42] peregrino foi uma mentalidade puramente moral ou uma estimulação sensível mais poderosa;

---

[41] Filósofo cínico (c. 95-165), célebre por autocremar-se nos jogos olímpicos de 165. A principal fonte para a vida de Proteus é a obra satírica *De Morte Peregrini*, de Luciano de Samósata, mas Schiller provavelmente conhecia o tema a partir do texto de Wieland, *História secreta do filósofo Proteus Peregrino* [*Geheime Geschichte des Philosophen Peregrinus Proteus*] (1791).

[42] No original, *Schwärmer*. Como discuti em outro trabalho, esse termo possui um campo semântico bastante abrangente no contexto do debate estético alemão do final do século XVIII e início do século XIX. Para uma abordagem introdutória sobre a questão, cf. Vieira (2011a).

aqui deixo o indivíduo, abstraio a relação de *sua* vontade com a lei da vontade e penso na vontade humana em geral, como faculdade da espécie, em relação com todo o poder [*Gewalt*] natural. Vimos que, na avaliação moral, a autoconservação foi representada como um *dever*, por isso ofendeu-nos lesá-lo; na avaliação estética, em contrapartida, ela foi vista como um *interesse*, por isso agradou-nos pô-la de lado. No segundo tipo de ajuizamento, portanto, foi justamente invertida a operação que realizamos na primeira. Lá contrapomos o indivíduo sensivelmente limitado e a vontade patologicamente-afetável à lei absoluta da vontade e ao dever espiritual infinito; aqui, em contrapartida, contrapomos a *faculdade* absoluta da vontade e o *poder* [*Gewalt*] espiritual infinito à coação da natureza e aos limites da sensibilidade. Por isso, o juízo estético nos deixa livres, nos eleva e entusiasma, porque já nos encontramos em visível vantagem em relação à sensibilidade pela mera capacidade [*Vermögen*] de querer absolutamente, pela mera índole para a moralidade; porque nossa carência de liberdade é já adulada pela mera possibilidade de nos livrarmos da coação da natureza. Por isso o juízo moral nos limita e humilha, porque em cada ato volitivo particular já nos encontramos mais ou menos em desvantagem em relação à lei absoluta da vontade, e porque a limitação da vontade a um único modo de determinação, que o dever exige absolutamente, contradiz o impulso de liberdade da fantasia. Lá, balançamo-nos para cima, do real ao possível, do indivíduo até a espécie; aqui, em contrapartida, descemos do possível ao real, e encerramos a espécie nos limites do indivíduo. Não é de admirar, portanto, que nos sintamos ampliados nos juízos estéticos e, em contrapartida, constritos e atados [*gebunden*] nos [juízos] morais.*

---

* Lembro incidentalmente que essa solução explica-nos também a diversidade da impressão estética que a representação kantiana do dever costuma causar nos diferentes ajuizantes [*Beurteiler*]. Uma parte não desprezível do público acha essa representação do dever muito

Disso tudo resulta, então, que o ajuizamento moral e o ajuizamento estético, longe de se darem apoio, estão muito antes um no caminho do outro, pois dão ao ânimo duas direções totalmente opostas, uma vez que a conformidade a leis que a razão exige como juíza moral não subsiste com a desobrigação que a faculdade da imaginação requer como juíza estética. Por isso, um objeto será tão menos propício a um uso estético quanto se qualifica para um [uso] moral, e se o poeta tivesse, entretanto, de escolhê-lo, seria bom lidar com ele de modo a remeter não tanto nossa razão à *regra* da vontade quanto, muito mais, nossa fantasia à *capacidade* [*Vermögen*] da vontade. É em consideração a si mesmo que o poeta tem de tomar esse caminho, pois seu reino chega ao fim com a nossa liberdade. Só permanecemos *seus* enquanto intuímos fora de nós; ele nos terá perdido tão logo tomemos [algo] de nosso

---

humilhante, uma outra acha que ela eleva infinitamente o coração. Ambas estão corretas, e o fundamento dessa contradição reside apenas na diversidade do ponto de vista a partir do qual as duas consideram esse objeto. Fazer meramente o que se deve [*Schuldigkeit tun*] não possui, com efeito, nada de grande, e na medida em que o melhor que somos capazes de realizar nada mais é do que o cumprimento, e o cumprimento defectivo, de nosso dever, não há nada de entusiasmante na mais alta virtude. Fazer, contudo, o que se deve de modo fiel e demorado sob todos os limites da natureza sensível, seguindo imutavelmente a lei espiritual divina nos grilhões da matéria, isso, com efeito, eleva, e é digno de admiração. Em relação ao mundo espiritual, não há seguramente nada de merecedor em nossa virtude, e por mais que isso nos possa custar, sempre *seremos servos inúteis*; em relação ao mundo sensível, ela é, em contrapartida, um objeto tão mais sublime. Portanto, na medida em que ajuizamos ações moralmente, relacionando-as à lei ética, teremos poucas causas para ficar orgulhosos de nossa eticidade; na medida, entretanto, em que atentamos para a possibilidade dessas ações, relacionando a faculdade de nosso ânimo que está em seu fundamento ao mundo dos fenômenos, i. e., na medida em que ajuizamo-la esteticamente, nos é permitido, até mesmo necessário, um certo autossentimento, pois descobrimos em nós um princípio [*Prinzipium*] grande e infinito acima de toda comparação.

próprio peito. Mas isso se segue infalivelmente, tão logo um objeto não seja mais *contemplado por nós como fenômeno*, mas antes *julgue acerca de nós como uma lei*.

Mesmo das expressões da mais sublime virtude o poeta não pode utilizar nada para *seus* propósitos a não ser o que nelas pertencer à *força*. Com a direção da força ele não se preocupa em nada. Mesmo quando põe frente a nossos olhos os mais perfeitos padrões éticos, o poeta não tem outro fim – *e não pode ter qualquer outro* – a não ser nos deleitar por sua contemplação. Ora, mas nada pode nos deleitar senão aquilo que melhora o nosso sujeito, e nada pode nos deleitar espiritualmente senão aquilo que eleva a nossa faculdade espiritual. Como pode, entretanto, a conformidade ao dever de um outro melhorar o *nosso* sujeito e aumentar a nossa força espiritual? Que ele cumpra *efetivamente* o seu dever baseia-se em um uso contingente que *ele* faz de sua liberdade que, justamente por isso, não pode comprovar nada para *nós*. É apenas a *capacidade* [*Vermögen*] para uma semelhante conformidade ao dever que partilhamos com ele e, na medida em que percebemos na sua também a nossa capacidade, sentimos elevada a nossa força espiritual. Portanto, é através da mera possibilidade representada de uma vontade absolutamente livre que o seu efetivo exercício agrada nosso sentido estético.

Seremos ainda mais convencidos disso ao refletir sobre quão pouco depende de sua *realidade histórica* a força poética da impressão causada por caracteres ou ações éticas. Nosso comprazimento com caracteres ideais não perde em nada pela lembrança de que são ficções poéticas, pois é na verdade *poética*, e não na histórica, que se funda todo efeito estético. A verdade poética não consiste, entretanto, em que algo efetivamente ocorreu, mas sim, em que algo pôde ocorrer, portanto na possibilidade interna da coisa. Logo, a força estética tem de residir já na possibilidade representada.

Mesmo em eventos reais de pessoas históricas, o poético não é a existência, mas antes a capacidade [*Vermögen*] que se dá a conhecer pela existência. A circunstância de que essas pessoas efetivamente viveram, e de que esses eventos efetivamente se seguiram pode, na verdade, muito frequentemente aumentar o nosso deleite, mas com um estranho complemento que é para a impressão poética muito mais desvantajoso do que promotor. Cremos durante muito tempo prestar um serviço à arte poética de nossa pátria ao recomendar aos poetas o trabalho com objetos nacionais. É por isso, dizia-se, que a poesia grega se apoderava tanto do coração, porque pintava cenas nativas e eternizava atos nativos. Não se pode negar que, graças a essa circunstância, a poesia dos antigos realizou efeitos de que a poesia moderna não pode se gabar – mas será que esses efeitos pertenciam à arte e ao poeta? Pobre do gênio artístico [*Kunstgenie*] grego se não tivesse frente ao gênio [*Genius*] dos modernos nada mais do que essa vantagem contingente, e pobre do gosto artístico grego, se tivesse de ter sido primeiramente conquistado [*gewinnen*] por meio dessas relações históricas nas obras de seus poetas! Só um gosto bárbaro precisa do aguilhão do interesse-privado [*Privat-Interesse*] para ser aliciado à beleza, e só o amador toma de empréstimo ao material uma força que duvida [ser capaz de] colocar na forma. A poesia não deve tomar seu caminho pela fria região da memória, não deve nunca fazer da erudição a sua intérprete, nem do egoísmo o seu advogado [*Fürsprecher*]. Ela deve acertar o coração porque fluiu do coração, e visar ao ser humano no cidadão do estado, e não ao cidadão do estado no ser humano.

É uma sorte que o verdadeiro gênio não atenta muito para as indicações que lhe são dadas até cansar, mais como opiniões superiores do que por autoridade. Caso contrário, Sulzer[43] e seus seguidores teriam dado à poesia alemã uma figura muito ambígua. Formar moralmente o ser humano e

---

[43] Johann Georg Sulzer (1720-1779), teólogo e filósofo suíço que publicou, entre 1771 e 1774, a primeira enciclopédia de estética em língua alemã, a *Teoria geral das belas artes* [*Allgemeine Theorie der Schönen Künste*].

incendiar o sentimento nacional no cidadão é, com efeito, um encargo muito honroso para o poeta, e as musas sabem melhor do que ninguém o quão proximamente as artes do sublime e do belo são capazes de concatenar-se com isso. Mas aquilo que a arte poética faz mediatamente de modo totalmente insigne ela só lograria [realizar] imediatamente muito mal. A arte poética nunca executa um ofício particular com os seres humanos, e não se poderia escolher uma ferramenta mais inadequada para ver bem-cuidado um encargo individual, um detalhe. Seu raio de ação é o total da natureza humana, e só na medida em que influencia[44] o caráter é que ela pode ter influência sobre seus efeitos individuais. A poesia pode se tornar para o ser humano o que o amor é para o herói. Ela não pode nem aconselhá-lo, nem golpear junto com ele, nem ainda fazer por ele um trabalho; mas pode educá-lo a ser um herói, pode chamá-lo a atos e equipá-lo, com a força, para tudo o que ele deve ser.

A força estética com que o sublime da mentalidade e da ação nos toma não se baseia, portanto, de modo algum no interesse da razão de que se *aja*[45] de modo justo, mas antes no interesse da faculdade da imaginação de que *seja possível* o justo agir, i. e., de que nenhuma sensação, por mais poderosa, seja capaz de reprimir a liberdade do ânimo. Essa possibilidade reside, entretanto, em cada expressão forte da liberdade e da faculdade da vontade, e em qualquer lugar onde o poeta a encontra, terá achado um objeto conforme a fins para sua apresentação. Para *seu* interesse é indiferente [*eins*] de que classe de caracteres, o mau ou o bom, ele deseja tomar seus heróis, pois a mesma medida de força que é necessária para o bem pode ser muito frequentemente exigida para que o mal seja consequente.

---

[44] No original, *einfließt*. À época de Schiller, o verbo ainda guardava, ao lado de "infiltrar", o sentido figurado de "exercer influência", hoje muito mais raro. Cf. Grimm; Grimm (v. 3, p. 178), onde essa passagem de Schiller é especificamente citada.

[45] No original, *gehandelt werde*. Apenas o termo "werde" está grifado.

O quanto mais atentamos, nos juízos estéticos, para a força do que para a direção da força, o quanto mais à liberdade do que à conformidade a leis, já se torna satisfatoriamente manifesto no fato de que preferimos ver a força e a liberdade [serem] exprimidas a custo da conformidade a leis do que a conformidade a leis [ser] observada a custo da força e da liberdade. Tão logo, a saber, sobrevenham casos em que a lei moral combina-se com impulsões que ameaçam arrastar com seu poder a vontade, o caráter ganha esteticamente se pode resistir a elas. Um vicioso começa a nos interessar tão logo tenha de arriscar a vida e a felicidade para impor a sua vontade má; em contrapartida, um virtuoso perde nossa atenção na mesma proporção [*Verhältnis*] em que é o seu próprio contentamento aquilo que o compele ao bom comportamento. A vingança, por exemplo, é indiscutivelmente um afeto ignóbil, mesmo baixo. Apesar disso ela se torna estética tão logo custe àquele que a exerce um sacrifício doloroso. Ao assassinar seus filhos, Medeia, visando com essa ação ao coração de Jasão, dá simultaneamente uma dolorosa cutilada em seu próprio [coração]; sua vingança torna-se esteticamente sublime logo que vemos a terna mãe.

O juízo estético contém, nisso, mais do verdadeiro do que se crê habitualmente. Vícios que dão testemunho de força de vontade anunciam manifestamente uma maior índole para a verdadeira liberdade moral do que virtudes que tomam de empréstimo um apoio da inclinação. Pois custa ao malvado consequente apenas uma única vitória sobre si mesmo, uma única inversão de máximas para que ele volte para o bem todo o caráter consequente e a competência da vontade que desperdiçava com o mal. Caso contrário, de onde pode vir o fato de que empurramos com desgosto [*Widerwille*] para longe de nós o caráter que é meio bom e seguimos frequentemente aquele que é totalmente mau com horripilante admiração? Indiscutivelmente porque, naquele, desistimos até da possibilidade de um querer absolutamente livre, nesse, em contrapartida, notamos em cada expressão que ele pode por um único ato volitivo aprumar-se até toda a dignidade da humanidade.

Em juízos estéticos, portanto, estamos interessados não na eticidade por si mesma, mas antes meramente na liberdade, e a primeira só pode agradar nossa faculdade da imaginação na medida em que torna visível a segunda. É, portanto, uma manifesta confusão de fronteiras quando se exige conformidade a fins moral em coisas estéticas, desejando expulsar a faculdade da imaginação de seu legítimo domínio [*Gebiet*] para ampliar o reino da razão. Ou ter-se-á de subjugá-la totalmente, e então está perdido todo efeito estético; ou ela dividirá seu domínio com a razão, e então pouco será ganho, provavelmente, para a moralidade. Perseguindo dois fins diferentes, correr-se-á o risco de frustrar a ambos. A liberdade da fantasia será aferrada pela conformidade a leis moral, e a necessidade da razão será destruída pela arbitrariedade da faculdade da imaginação.[46]

---

[46] Na *NT*, constava ao final do texto a frase "Continuação no futuro" [*Die Fortsetzung künftig*], removida nos *EM*.

Observações dispersas sobre diversos objetos estéticos

Todas as propriedades das coisas por meio das quais elas podem se tornar estéticas deixam-se reunir em quatro classes que têm por efeito sobre nossa faculdade ativa ou que sofre, tanto segundo sua diversidade *objetiva* quanto segundo sua diversa relação *subjetiva*, um comprazimento que é diferente não apenas segundo a *força*, mas também segundo o *valor*, e que são de desigual utilidade [*Brauchbarkeit*] para o fim das belas artes: a saber, o *agradável*, o *bom*, o *sublime* e o *belo*. Entre essas, apenas o sublime e o belo são *próprios* da arte. O agradável não é *digno* dela, e o bom não é, ao menos, o seu *fim*; pois o fim da arte é deleitar, e o bom, seja teórico ou prático, não pode nem deve servir à sensibilidade como um meio.[1]

---

[1] O longo período que abre o artigo remete mais uma vez à "Observação geral...", texto que Schiller já citara em "Sobre o patético" (cf. nota 10, p. 75) e que se inicia, por sua vez, do seguinte modo: "Na relação com o sentimento de prazer, um objeto deve ser contado ou como *agradável*, ou como *belo*, ou como *sublime*, ou como (simplesmente) *bom* (iucundum, pulchrum, sublime, honestum)" (KANT, AA 05: 266.20-22). As discussões, aqui, que têm por objetivo apresentar as semelhanças e diferenças entre belo, agradável e bom são contudo também análogas a algumas passagens do primeiro e segundo momentos da "Analítica do belo", especialmente os §§2-7. Cf. Kant (AA 05: 204.22-213.24).

O *agradável* deleita meramente os *sentidos*, e nisso diferencia-se do bom, que agrada a mera razão. Agrada por meio de sua matéria, pois apenas o material pode afetar o sentido – e tudo o que é forma pode agradar apenas a razão.

O *belo* agrada, na verdade, pelo *medium* dos sentidos, diferenciando-se através disso do bom; mas agrada por sua forma da razão, e através disso se diferencia do agradável. O *bom*, pode-se dizer, agrada pela forma que é meramente *conforme à razão*, o belo por uma forma *semelhante à razão*, e o agradável por forma nenhuma. O bom é *pensado*, o belo *contemplado*, o agradável meramente *sentido*. Aquele agrada no conceito, o segundo na intuição, o terceiro na sensação material.

A distância entre o *bom* e o *agradável* é a que mais salta aos olhos. O bom amplia nosso conhecimento porque provê e pressupõe um conceito de seu objeto. O fundamento de nosso comprazimento reside no objeto, ainda que o comprazimento mesmo seja um estado no qual *nós* nos encontremos. Em contrapartida, o agradável não produz qualquer conhecimento de seu objeto, e tampouco se funda em algum. Ele só é agradável porque é sentido, e seu conceito desaparece totalmente tão logo deixemos de pensar na afetabilidade dos sentidos, ou mesmo apenas a modifiquemos. Uma brisa cálida é agradável para um ser humano que sente calafrios; o mesmo ser humano, contudo, buscará uma sombra refrescante no calor estival. Confessaremos, contudo, que em ambos os casos ele julgou corretamente. Aquilo que é objetivo é totalmente independente de *nós*, e o que hoje nos aparece [*vorkommen*] como verdadeiro, conforme a fins e racional aparecerá [*erscheinen*] para nós assim (supondo-se que hoje tenhamos julgado corretamente) também em vinte anos. Nosso juízo sobre o agradável se modifica [*abändern*] do mesmo modo como se modifica [*verändern*] a nossa situação em relação a seu objeto. Não é, portanto, uma propriedade do objeto, surgindo antes apenas da relação de um objeto com nossos sentidos – pois a qualidade do sentido é uma condição necessária dele.

O bom, em contrapartida, já é bom antes de ser representado e sentido. A propriedade por meio da qual ele agrada subsiste perfeitamente por si mesma, sem necessitar do nosso sujeito, ainda que nosso comprazimento com ele esteja assentado sobre uma receptividade de nosso ser. O agradável, pode-se por isso dizer, só *é* porque é *sentido*; o bom, em contrapartida, *é sentido* porque |é|.

A distância entre o belo e o agradável – por maior que seja, aliás – salta menos aos olhos. Ele é igual ao agradável na medida em que tem de ser sempre mantido frente aos sentidos [*vorgehalten*], na medida em que só agrada no fenômeno; é igual a ele, ademais, na medida em que não provê nem pressupõe qualquer conhecimento de seu objeto. Contudo, diferencia-se muito, por seu turno, do agradável porque agrada através da *forma* de seu fenômeno, e não através da sensação material. Agrada, é verdade, o sujeito racional apenas na medida em que ele é ao mesmo tempo sensível; mas também só agrada o [sujeito] sensível na medida em que ele é ao mesmo tempo racional. Não agrada apenas o indivíduo, mas antes a espécie, e embora obtenha sua existência apenas por meio de sua relação com seres sensíveis-racionais, é entretanto independente de todas as determinações empíricas da sensibilidade, permanecendo o mesmo ainda que se modifique a qualidade privada dos sujeitos. O belo tem, portanto, em comum com o bom justamente aquilo em que diverge do agradável, e se afasta do *bom* justamente naquilo em que se aproxima do agradável.

Por bom deve-se entender aquilo em que a razão reconhece uma adequação às suas leis, teóricas ou práticas. Mas o objeto em questão pode harmonizar-se perfeitamente à razão teórica e ser, entretanto, contraditório no mais alto grau em relação à prática.[2] Podemos desaprovar o fim de um empreendimento e, entretanto, admirar nele a sua

---

[2] Na primeira seção da introdução à *Crítica da faculdade do juízo*, Kant discute os diferentes domínios filosóficos e o papel que a razão desempenha em sua parte teórica. Cf. Kant (AA 05: 171.04-173.36).

conformidade a fins. Podemos desprezar os gozos de que o voluptuoso faz o alvo de sua vida e, entretanto, louvar sua prudência na escolha dos meios e o caráter consequente de seus princípios. O que nos agrada meramente por meio de sua forma é bom – e é bom absolutamente e sem condição quando sua forma é simultaneamente o seu conteúdo.[3] O bom é, porém,[4] um objeto da sensação, mas não de uma sensação imediata, como o agradável, nem de uma sensação mista, como o belo. Não incita apetite, como o primeiro, nem inclinação, como o segundo. A pura representação do bom pode apenas infundir respeito.

Após o estabelecimento da diferença entre o agradável, o bom e o belo, torna-se claro que um objeto pode ser feio, imperfeito, até mesmo moralmente execrável e, entretanto, pode ser agradável, agradar aos sentidos; que um objeto pode indignar os sentidos e, entretanto, pode ser bom, agradar a razão; que um objeto pode indignar segundo a sua essência interna o sentimento moral e, entretanto, pode agradar na contemplação, ser belo. A causa é que em todas essas diferentes representações uma outra faculdade do ânimo está interessada, e de outro modo.

Mas com isso não se esgota ainda a classificação dos predicados estéticos; pois há objetos que são simultaneamente feios, adversos para os sentidos e terríveis, insatisfatórios para o entendimento e indiferentes na avaliação moral e que, entretanto, agradam. Na verdade, agradam em grau tão alto que sacrificamos de bom grado o deleite dos sentidos e do entendimento para prover-nos do seu gozo.

Nada é mais estimulante na natureza do que uma bela paisagem ao arrebol. A rica multiplicidade e o contorno ameno das figuras, o jogo infinitamente cambiante da luz,

---

[3] Ou seja, no caso daquilo que é bom também do ponto de vista prático, e não apenas do ponto de vista teórico, segundo a terminologia schilleriana.

[4] *NT*: "também" [*auch*] em lugar de "porém" [*aber*].

a tênue gaza que reveste os objetos distantes – tudo atua em conjunto para deleitar nossos sentidos. O suave ruído de uma queda d'água, o canto dos rouxinóis, uma música agradável devem lograr aumentar o nosso deleite. Dissolvemo-nos em doces sensações de tranquilidade, e na medida em que nossos sentidos são comovidos pela harmonia das cores, das figuras e dos sons do modo o mais agradável, o ânimo deleita-se com um curso de ideias leve e pleno de espírito, e o coração com uma torrente de sentimentos.

De repente eleva-se uma tormenta[5] que entenebrece o céu e toda a paisagem, que sobressai a todos os outros sons ou os faz calar, roubando-nos subitamente de todos aqueles deleites. Nuvens negras como breu encobrem o horizonte, despenham-se atordoantes trovejos, segue-se relâmpago a relâmpago e nossa visão, bem como nossa au-dição, é comovida do modo o mais adverso. Ao reluzir, o relâmpago torna apenas mais visível para nós o terrível da noite; vemos como ele cai, e começamos já a temer que possa nos acertar também. Apesar disso, creremos antes ter ganhado do que perdido com a troca, exceto as pessoas a quem o temor rouba toda a liberdade do juízo. Por um lado, somos poderosamente atraídos por esse espetáculo temível que repulsa nossos sentidos, e nos detemos frente a ele com um sentimento que, na verdade, não podemos chamar de *prazer* propriamente, mas que frequentemente preferimos em muito a ele. Ora, esse espetáculo da natureza é antes *pernicioso* do que *bom* (ao menos não é necessário pensar na utilidade de uma tempestade para encontrar agrado [*Gefallen*] nesse fenômeno natural), e é antes feio do que belo: pois as trevas, ao roubar-nos de todas as representações que a luz provê, não podem nunca agradar; e o súbito abalo no ar por meio do trovão, bem como sua súbita iluminação por meio do relâmpago, contradizem uma condição necessária

---

[5] Sobre o uso da tempestade como exemplo do sublime, cf. nota 4 à tradução de "Sobre a arte trágica", p. 40.

de toda beleza, que não tolera nada abrupto, nada violento. Ademais, esse fenômeno natural é antes doloroso do que aprazível para os meros sentidos, pois os nervos da visão e da audição são penosamente tensionados e, em seguida, novamente adormentados, de modo igualmente violento, pela alternância súbita de escuridão e luz, do estrondear do trovão para o silêncio. E apesar de todas essas causas de desagrado, uma tempestade é um fenômeno atraente para aquele que não a teme.[6]

Mais ainda. [Suponhamos] que se destaque, no meio de uma planície verde e ridente, uma colina selvagem e descampada que subtrai aos olhos uma parte da vista. Qualquer um desejará que esse morro suma, como algo que desfigura a beleza de toda a paisagem. Ora, tornemos essa colina mais e mais alta em pensamento, sem modificar o mínimo no restante de sua forma, de modo que seja mantida a mesma proporção [*Verhältnis*] entre sua largura e altura também na colina maior. No começo, crescerá o dissabor [*Mißvergnügen*] a respeito dela, pois seu tamanho crescente a tornará apenas mais notável, mais perturbadora. Mas se prosseguimos até aumentá-la além do dobro da altura de uma torre, perder-se-á sem que notemos o dissabor a respeito dela, dando lugar a um sentimento totalmente diferente [*anderes*]. Se, finalmente, subir tão alto a ponto de tornar-se quase impossível para os

---

[6] Na Parte IV de seu *Enquiry*, Burke procura investigar as causas eficientes do sublime e do belo em termos análogos àqueles propostos por Schiller nessa passagem. O pensador conclui, por exemplo, "que dor e medo atuam sobre as mesmas partes do corpo, e do mesmo modo, embora diferindo um pouco no grau. Que dor e medo consistem em uma tensão antinatural dos nervos; que isso é algumas vezes acompanhado de uma força antinatural, que algumas vezes muda subitamente para uma extraordinária fraqueza; que esses efeitos frequentemente vêm a nós de modo alternado, e estão algumas vezes misturados uns com os outros. [...] e acordando-se, primaria ou secundariamente, no fato de que produzem uma tensão, contração ou emoção violenta dos nervos, acordam-se do mesmo modo em todo o mais" (BURKE, 1998, p. 119-120).

olhos compreendê-la[7] em uma única imagem, valerá mais para nós do que toda a bela planície à sua volta, e não trocaríamos de bom grado a impressão que nos causa por uma outra, ainda que tão bela. Se agora damos em pensamento a essa montanha uma inclinação, de modo que ela pareça a cada momento querer despencar, ao sentimento anterior mistura-se a um outro; o terror une-se a ele, mas o objeto mesmo se torna, justamente por isso, ainda mais atraente. Suponha-se, contudo, que pudéssemos dar suporte a essa montanha que se inclina por meio de uma outra; então, perder-se-ia o terror, e com ele uma grande parte do nosso comprazimento. Suponha-se, ademais, que colocássemos rente a essa montanha quatro ou cinco outras, das quais cada uma fosse um quarto ou um quinto menor do que a seguinte; então se enfraqueceria notavelmente o primeiro sentimento que sua grandeza infundia em nós. Algo semelhante ocorreria se a própria montanha fosse dividida em dez ou onze patamares de mesmo formato; ou ainda se fosse enfeitada por meio de parques [*Anlage*] artificiais. Ora, não efetuamos no começo qualquer outra operação com essa montanha exceto torná-la *maior*, totalmente como era, sem modificar sua forma; e por meio dessa única circunstância ela se transformou de objeto indiferente, mesmo repugnante, em objeto de comprazimento. Com a segunda operação transformamos esse objeto grande também em objeto de terror, e desse modo aumentamos o comprazimento com sua visão. Com as demais operações que foram efetuadas reduzimos aquilo que incita terror em sua

---

[7] No original: *zusammenfassen*. Como discutido no artigo que encerra este volume, Schiller serve-se nesse texto de vocabulário técnico da filosofia kantiana para referir-se às operações realizadas pela faculdade da imaginação. Optamos por traduzir indiferentemente *Komprehension* e *Zusammenfassung* por "compreensão", e *Apprehension* e *Auffassung* por "apreensão", uma vez que esses termos parecem ser empregados de modo intercambiável. Estão indicadas no corpo da tradução as ocorrências, menos frequentes, de outros termos que se referem a essas operações, tais como *begreifen*, *fassen* e *aufnehmen*.

visão e, desse modo, enfraquecemos o deleite. Diminuímos *subjetivamente* a representação de sua grandeza: em parte, por dividir a atenção dos olhos; em parte, por prover-lhes, através das montanhas menores colocadas ao lado, uma medida com a qual puderam dominar mais facilmente a grandeza da montanha. Portanto, *grandeza* e *terribilidade* podem em certos casos fornecer, apenas por si mesmas, uma fonte de deleite.

Na mitologia [*Fabellehre*] grega, não há imagem mais terrível e, simultaneamente, mais feia do que as Fúrias ou Erínias quando sobem do Orco para perseguir um criminoso. Um rosto horrendamente contorcido, figuras macilentas, uma cabeça coberta de serpentes em vez de cabelos indignam nossos sentidos tanto quanto ofendem o nosso gosto. Mas quando esses monstros são representados perseguindo o matricida Orestes, balançando a tocha nas mãos e caçando-o sem descanso de um a outro local até finalmente desaparecem no abismo do inferno quando está reconciliada a justiça colérica, detemo-nos nessa representação com agradável pavor.[8] Não é apenas o medo de consciência de um criminoso, sensificado por meio das Fúrias, que pode nos agradar na apresentação, mas mesmo suas ações contra o dever [*pflichtwidrig*], o efetivo ***actus*** de um criminoso. A Medeia do drama trágico grego, Clitemnestra, que assassina seu esposo, Orestes, que matou[9] sua mãe, enchem nosso ânimo de horrípilo prazer.[10] Mesmo na vida comum descobrimos que objetos indiferentes, mesmo adversos ou desencorajadores para nós começam a interessar tão logo se aproximam seja do *monstruoso*, seja do *terrível*. Um ser humano totalmente comum

---

[8] Schiller refere-se à *Oresteia*, de Ésquilo. As Erínias, que perseguem Orestes pelo assassinato de sua mãe, Clitemnestra, são representadas no coro da terceira tragédia, "Eumênides", onde tem lugar o julgamento em que o matricida é absolvido.

[9] *NT:* "mata" [*tödet*] em lugar de "matou" [*tödtet*].

[10] Na tragédia homônima de Eurípides, Medeia assassina seus dois filhos para vingar-se de seu esposo, Jasão. O assassinato de Clitemnestra por Orestes é a conclusão das "Coéforas", segunda das tragédias que integram a *Oresteia*.

e insignificante começa a nos agradar tão logo uma paixão veemente, que não eleva minimamente o seu valor, faça dele um objeto de temor ou terror; do mesmo modo, um objeto comum, que não [nos] diz nada, torna-se uma fonte de prazer para nós tão logo o aumentemos a ponto de ameaçar ultrapassar nossa faculdade de apreensão [*Fassungsvermögen*]. Um ser humano feio torna-se ainda mais feio por meio da cólera, e pode, entretanto, ter ainda para nós o maior atrativo quando eclode essa paixão desde que ela não recaia no risível, mas antes no temível. Essa observação vale mesmo quando se desce até os animais. Um touro no arado, um cavalo na carroça, um cão são objetos comuns; se estimulamos, entretanto, o touro à luta, se pomos em fúria o cavalo tranquilo ou se vemos um cão *furioso*, então esses animais se elevam a objetos estéticos, e começamos a contemplá-los com um sentimento na fronteira do deleite e do respeito. O pendor para o passional, comum [*gemeinschaftlich*] a todos os seres humanos, o poder dos sentimentos solidários, que nos impulsiona, *na natureza*, à visão do sofrimento, do terror, do horror, que tanto atrativo tem para nós *na arte*, que nos alicia para a casa de espetáculos, que nos permite encontrar tanto gosto nas narrativas de infortúnios – tudo isso comprova uma *quarta fonte de prazer*, que nem o agradável, nem o bom, nem o belo estão em condição de gerar.

Todos os exemplos arrolados até aqui possuem em comum entre si algo objetivo na sensação que incitam em nós. Em todos recebemos uma representação de algo "que *ultrapassa*, ou ameaça ultrapassar, seja nossa faculdade sensível de apreensão [*sinnliche Fassungskraft*], seja nossa faculdade sensível de resistência",[11] sem entretanto impulsionar tal superioridade até a repressão de cada uma dessas duas faculdades, e sem abater em nós o esforço para o conhecimento ou para a resistência. Lá, dá-se para nós um múltiplo e, para compreendê-lo em uma unidade, nossa faculdade intuitiva avança até os seus limites

---

[11] Malgrado as aspas, não há evidências de que Schiller esteja citando outro autor.

[*Grenze*]. Aqui é representada para nós uma força contra a qual a nossa desaparece, com a qual, todavia, somos compelidos a nos comparar. Ou se trata de um objeto que simultaneamente se *exibe* e se *subtrai* à nossa faculdade da intuição, despertando o esforço para a representação sem lhe permitir esperar satisfação; ou de um objeto que parece levantar-se de modo hostil contra nossa própria *existência*, como que desafiando-nos à luta e tornando-nos ocupados com o desfecho. Do mesmo modo, é visível em todos os exemplos arrolados o seguinte efeito sobre a faculdade da sensação. Todos tensionam o ânimo, pondo-o em um movimento de intranquilidade. Uma certa seriedade, que pode crescer até a solenidade, apodera-se de nossa alma e, à medida que se mostram distintos vestígios de amedrontamento nos órgãos sensíveis, o espírito que reflete volta-se para si mesmo, parecendo sustentar-se em uma elevada consciência de sua faculdade e dignidade autônomas. Se o grande ou o terrível devem possuir valor estético para nós, essa consciência tem de ser absolutamente preponderante. Como o ânimo se sente entusiasmado e elevado [*gehoben*] acima de si mesmo com tais representações, elas são designadas com o nome de *sublime*, embora não convenha objetivamente nada sublime aos objetos mesmos, e fosse então provavelmente mais apropriado denominá-las *sublimativas* [*erhebend*].[12]

Se um objeto deve se chamar sublime, ele tem de se *opor* à nossa faculdade sensível. Podemos, contudo, pensar em apenas duas relações diferentes em que as coisas podem estar com a

---

[12] Encontramos advertência semelhante em diversas passagens da *Crítica da faculdade do juízo*. No §23, que abre a "Analítica do sublime", Kant já afirma: "Vê-se daí imediatamente que nos expressamos de modo absolutamente incorreto quando chamamos de sublime algum objeto da natureza [...]; pois como se pode designar algo com uma expressão de assenso que é, em si mesmo, apreendido como contrafinal? Não podemos dizer senão que o objeto é propício para a apresentação de uma sublimidade que pode ser encontrada no ânimo; pois o [que é] propriamente sublime não pode estar contido em nenhuma forma sensível, mas diz respeito apenas a ideias da razão [...]" (KANT, AA 05: 245.25-33).

nossa sensibilidade. Conforme a elas, tem de haver também, assim, dois tipos diferentes de resistência. Ou bem as coisas são consideradas objetos dos quais queremos prover-nos de conhecimento, ou são vistas como um *poder* com o qual comparamos o nosso. Segundo essa divisão, há também duas espécies de sublime, o sublime do conhecimento e o sublime da força.*[13]

Ora, as faculdades sensíveis não contribuem em nada para o conhecimento além de apreender o material dado e colocar lado a lado o seu múltiplo no espaço e no tempo. Diferenciar e organizar [*sortieren*] esse múltiplo é ofício do entendimento, não da faculdade da imaginação. Só para o entendimento há um *diferente*, para a faculdade da imaginação (como sentido) há apenas um *similar* [*Gleichartiges*]; logo, aquilo que pode fazer diferença na apreensão sensível dos fenômenos é meramente a quantidade [*Menge*] do similar (a quantidade [*Quantität*], não a qualidade [*Qualität*]). Se a faculdade sensível de representação deve, portanto, sucumbir perante um objeto, ele tem de ser sobrelevante para a faculdade da imaginação por meio de sua quantidade. O sublime do conhecimento baseia-se, por conseguinte, no número ou na grandeza, e pode assim chamar-se também matemático.*

|Da avaliação estética da grandeza|[14]

Posso ter quatro representações da quantidade de um objeto, totalmente diferentes uma da outra.

---

* Ver o ensaio no volume 3, número 3 da *Neue Thalia*.

[13] Schiller refere-se ao artigo "Do sublime" [*Vom Erhabenen*]. A nota foi suprimida nos *EM*.

* Ver a *Crítica da faculdade do juízo*, de Kant.

[14] Como indicado no artigo que encerra este volume, essas discussões sobre o sublime matemático remetem aos §§25-26 da *Crítica da faculdade do juízo*, onde encontramos distinções conceituais importantes para a argumentação schilleriana tais como, por exemplo, aquela entre *quantum* e *magnum*. Cf. Kant (AA 05: 248.05-27).

A torre que vejo diante de mim é uma grandeza.

Ela é alta por duzentos cúbitos.[15]

Ela é alta.

Ela é um objeto alto (sublime).

Salta aos olhos que algo muito diferente é declarado por meio de cada um desses quatro juízos, os quais, contudo, relacionam-se todos à quantidade da torre. Nos primeiros dois juízos a torre é considerada meramente como um *quantum* (como uma grandeza), nos dois restantes como um *magnum* (como algo grande).

Tudo que possui partes é um **quantum**. Cada intuição, cada conceito do entendimento possui uma grandeza, tanto quanto é certo que o conceito possui um âmbito [*Sphäre*] e a intuição um conteúdo. Logo, quando se fala de uma diferença de grandeza entre objetos, não se pode ter em mente a quantidade em geral. Fala-se aqui de uma quantidade que convém primordialmente a um objeto, i. e., que não é meramente um *quantum*, mas também um *magnum*.

Em cada grandeza, pensamos em uma unidade na qual são unidas várias partes similares. Portanto, se deve ter lugar uma diferença entre grandeza e grandeza, ela só pode residir no fato de que em uma estão unidas na unidade mais partes e em outra menos; ou no fato de que uma perfaz apenas uma parte da outra. Um **quantum** que contém em si um outro **quantum** como parte é um *magnum* em relação a esse **quantum**.

Pesquisar quantas vezes um **quantum** determinado está contido em outro se chama *medir* esse **quantum** (quando é contínuo) ou contá-lo (quando não é contínuo). Depende, portanto, sempre da unidade que é tomada como medida se devemos considerar um objeto um **magnum**, i. e., toda grandeza é um conceito relacional [*Verhältnisbegriff*].

Em relação à sua medida, toda grandeza é um **magnum**, e ainda mais em relação à medida de sua medida – comparada

---

[15] Medida correspondente ao comprimento de um antebraço.

à qual ela mesma torna-se, novamente, um *magnum*. Mas para baixo é o mesmo que para cima. Todo *magnum* torna-se novamente pequeno tão logo o pensemos como contido em um outro. E onde haverá aqui um limite [*Grenze*], uma vez que podemos multiplicar a maior série numérica novamente por ela mesma?

Pelo caminho da medição podemos, portanto, topar com a grandeza *comparativa*, mas nunca com a *absoluta* – com aquela, a saber, que não pode mais estar contida em nenhum outro *quantum*, antes abarcando em si mesma todas as outras grandezas. Nada impediria que a mesma ação do entendimento que nos forneceu uma tal grandeza[16] nos fornecesse também o seu *duplum*, pois o entendimento procede de modo sucessivo e pode, conduzido por conceitos numéricos, continuar a sua síntese até o infinito. Enquanto ainda se puder determinar *o quão grande* é um objeto, ele ainda não é (absolutamente) grande, e pode ser degradado pela mesma operação de comparação até um [objeto] bem pequeno. De acordo com isso, só poderia haver na natureza uma única grandeza *per excellentiam*, a saber, o todo infinito da natureza mesma, ao qual todavia nunca pode corresponder nenhuma intuição e cuja síntese não pode ser consumada em nenhum tempo. Como o reino do número nunca se deixa esgotar, teria de ser o entendimento a finalizar a sua síntese. Ele mesmo teria de estabelecer alguma unidade como medida extrema e mais alta, declarando absolutamente grande aquilo que a excede.

Isso ocorre, efetivamente, quando digo da torre que se encontra à minha frente que *ela é alta* sem *determinar* a sua altura. Não dou aqui nenhuma medida de comparação, e entretanto não posso atribuir à torre a grandeza absoluta, pois nada me impede de admiti-la ainda maior. Logo, uma medida extrema tem de ser dada a mim já pela mera visão da torre, e tenho de poder imaginar [*einbilden*], através de minha

---

[16] Uma grandeza tal como a grandeza comparativa.

expressão *essa torre é alta*, ter também prescrito essa medida extrema a qualquer outra [torre]. Tal medida já reside, assim, no conceito de torre, e não é outra senão o conceito de sua *grandeza de espécie*.

A cada coisa é prescrito um certo **maximum** de grandeza seja por meio de sua *espécie* (se for obra da natureza), seja (se for obra da liberdade) pelos *limites* da causa que está no seu fundamento e pelo seu fim. Em cada percepção de objetos empregamos essa medida de grandeza com mais ou menos consciência; mas nossas sensações são muitos diferentes conforme a medida que tomamos por fundamento seja mais contingente ou mais necessária. Se um objeto ultrapassa o conceito de sua grandeza de espécie, ele nos colocará, de certo modo, em [estado de] *assombro* [*Verwunderung*]. Somos surpreendidos, e nossa experiência se amplia; mas, na medida em que não temos nenhum interesse no objeto mesmo, permanecemos apenas com esse sentimento de uma expectativa superada. Foi apenas de uma série de experiências que tiramos aquela medida, e não está dada qualquer necessidade de que ela tenha de estar sempre certa. Em contrapartida, se algo gerado [*Erzeugnis*] pela liberdade ultrapassa o conceito que fazíamos dos limites de sua causa, sentiremos já uma certa *admiração* [*Bewunderung*]. O que nos surpreende aqui em tal experiência não é meramente a expectativa superada, mas também um desvencilhar-se [*Entledigung*] de limites. Lá nossa atenção detinha-se meramente no *produto*, em si mesmo indiferente; aqui ela é atraída para a *faculdade produtora*, que é moral ou pertence a um ser moral e que, portanto, tem de necessariamente nos interessar. Esse interesse crescerá exatamente no mesmo grau em que a faculdade que perfazia o **principium** atuante for mais nobre e importante, e em que o limite que descobrimos ultrapassado for mais difícil de suplantar. Um cavalo de tamanho [*Größe*] inabitual parecerá a nós estranho de um modo agradável; mais ainda, contudo, o hábil e robusto cavaleiro que o domar. Se agora o vemos, justamente com esse cavalo, lançar-se por cima de uma vala ampla e profunda, espantamo-nos; se é contra uma fronte inimiga que o vemos arremeter, associa-se a esse espanto o respeito, indo até a admiração. No último caso, lidamos com sua ação como com uma grandeza dinâmica, e empregamos nosso conceito de *valentia humana* como norma quando se trata do modo como nos sentimos nós mesmos e daquilo que consideramos como a fronteira extrema da intrepidez.

Em contrapartida, isso se dá de modo totalmente diferente quando o conceito de grandeza do fim é ultrapassado. Aqui não tomamos por fundamento uma norma empírica e contingente, mas sim racional e, portanto, necessária, a qual não pode ser ultrapassada sem aniquilar o fim do objeto. A grandeza de uma habitação é unicamente determinada pelo seu fim; a grandeza de uma torre pode ser determinada meramente pelos limites da arquitetura. Por isso, se acho a habitação grande demais para seu fim, ela tem de necessariamente me desagradar. Em contrapartida, se acho que a torre sobreleva minha ideia acerca das alturas de torres, ela me deleitará ainda mais. Por quê? Lá se trata de uma contradição, aqui apenas de um acordo inesperado com aquilo que busco. Posso muito bem aceitar que um limite seja ampliado, mas não que seja frustrado um propósito.

Ora, se digo simplesmente de um objeto que ele *é grande* sem aditar *o quão grande ele é*, não declaro por meio disso que ele é algo absolutamente grande, para o que não há norma à altura; omito apenas a medida à qual o submeto sob a pressuposição de que ela já está contida no seu mero conceito. Não determino a sua grandeza totalmente, em relação a todas as coisas pensáveis, mas em parte, em relação a uma certa classe de coisas, portanto ainda sempre *objetivamente* e *logicamente*, pois declaro uma relação e procedo segundo um conceito.

Mas esse conceito pode ser empírico, logo contingente, e nesse caso meu juízo terá apenas validade subjetiva. Talvez tome como grandeza de espécie aquilo que é apenas a grandeza de certos tipos; talvez reconheça como limite [*Grenze*] objetivo aquilo que é apenas o limite [*Grenze*] do meu sujeito;

talvez falseie o ajuizamento com meu conceito privado do uso e do fim de uma coisa. Assim, minha avaliação de grandezas pode ser totalmente *subjetiva* segundo a matéria, ainda que seja *objetiva* segundo a forma, i. e., determinação efetiva de relações. O europeu toma o patagão por um gigante, e seu juízo retém plena validade junto àquela etnia a quem tomou de empréstimo seu conceito de grandeza humana; na Patagônia, em contrapartida, ele seria contradito. Em parte alguma nos apercebemos mais da influência de fundamentos subjetivos sobre os juízos dos seres humanos do que em sua avaliação de grandezas, tanto de coisas corporais quanto incorporais. Pode-se admitir que todo ser humano possui em si uma certa medida de força e virtude segundo a qual se orienta na avaliação de grandeza de ações morais. O avarento tomará o presente de um florim como grande empenho de sua munificência, enquanto o generoso crê dar ainda muito pouco com o triplo dessa soma. Um ser humano de estirpe [*Schlag*] comum toma o *não ludibriar* já como grande prova de sua honestidade; outro de sentimento delicado tem às vezes receio de fazer lucro [*Gewinn*], mesmo permitido.

Embora, em todos esses casos, a medida seja subjetiva, a medição mesma é sempre objetiva; pois basta que se faça a medida universal para que a determinação de grandezas suceda de modo universal. Assim se dá efetivamente com medidas objetivas cujo uso é universal embora possuam todas uma origem subjetiva e sejam tomadas do corpo humano.

Toda avaliação comparativa de grandeza, seja ideal ou corporal, seja ela totalmente ou apenas em parte determinante, leva apenas à grandeza relativa, e nunca à absoluta; pois ainda que um objeto realmente sobreleve a medida que admitimos como a mais alta e extrema, podemos sempre perguntar em *quantas vezes* ele a sobreleva. Trata-se, com efeito, de algo grande em relação à sua espécie, mas não ainda do maior possível e, uma vez ultrapassado o limite, ele pode continuar a ser ultrapassado até o infinito. Ora, o que buscamos é, contudo, a grandeza absoluta, pois apenas ela pode conter em si o fundamento de um *privilégio*, já que todas as grandezas comparativas, consideradas com tais, são iguais umas às outras. Uma vez que nada pode compelir o entendimento a paralisar-se em seu ofício, tem de ser a faculdade da imaginação que estabelece para ele um limite [*Grenze*]. Em outras palavras: a avaliação de grandeza tem de cessar de ser lógica, ela tem de ser realizada esteticamente.[17]

Quando avalio uma grandeza logicamente, relaciono-a sempre à minha faculdade de conhecimento; quando a avalio esteticamente, relaciono-a à minha faculdade da sensação. Lá experimento algo do objeto; aqui, em contrapartida, meramente algo em mim mesmo por ocasião da grandeza representada do objeto. Lá avisto algo fora de mim, aqui algo em mim. Portanto, também já não meço em sentido próprio, já não avalio qualquer grandeza, antes torno-me eu mesmo momentaneamente uma grandeza para mim, e na verdade infinita. O objeto que faz de mim mesmo uma grandeza infinita para mim se chama *sublime*.[18]

Como espontaneidade do ânimo, a faculdade da imaginação realiza um duplo ofício na representação de grandezas. Ela apreende em primeiro lugar cada parte do **quantum** dado em uma consciência empírica, que é a *apreensão*; em segundo, ela *compreende*[19] as partes *apreendidas uma após a outra* em uma autoconsciência pura, e nesse último ofício, o da *compreensão*, atua totalmente como entendimento puro. Com efeito, une-se a cada parte do **quantum** a representação do meu eu (consciência empírica); e, por meio de reflexão

---

[17] Na *NT*, o parágrafo encerrava-se com o seguinte período, suprimido nos *EM*: "A forma toda desse ofício tem, portanto, de modificar-se" [*Die ganze Form dieses Geschäfts muss sich also verändern*].

[18] Os dezoito parágrafos seguintes constavam na *NT* mas foram suprimidos nos *EM*. Optou-se por deixá-los, nesse caso, no corpo do texto para evitar a ocorrência de uma nota de rodapé que se estenderia por várias páginas.

[19] No original: *fasst...zusammen*. Apenas o termo *zusammen* está grifado.

sobre essas sínteses enfileiradas sucessivamente, reconheço a identidade de meu eu em toda a série delas (autoconsciência pura): apenas por meio disso o *quantum* se torna um objeto para mim. Ponho em série A junto a B e B junto a C, e assim por diante, e na medida em que atento do mesmo modo para esse meu ofício, digo para mim: tanto em A, quanto em B e em C, sou *eu* o sujeito agente.

A apreensão ocorre *sucessivamente*, e tomo uma representação parcial após a outra. Ora, uma vez que após cada momento temporal se segue permanentemente de novo um outro, e assim por diante até o infinito, não há perigo de que eu não possa, por esse caminho, levar até o fim mesmo o *quantum* mais numeroso. Deem-me apenas tempo, e nenhum número será para mim sobreabundante na apreensão. Em contrapartida, a compreensão ocorre *simultaneamente* e, por meio da representação da identidade de meu eu em todas as sínteses precedentes, suspendo então a condição temporal sob a qual elas antes advieram. Todas aquelas diferentes representações empíricas do meu eu se perdem na única autoconsciência pura: o sujeito que agiu em A e B e C, e assim por diante, sou *eu*, o eu [*Selbst*] eternamente idêntico.

Para essa segunda ação, a saber, para a redução [*Reduktion*] das diferentes apercepções [*Apperzeptionen*] empíricas na autoconsciência pura, não é de modo algum indiferente *quantas* de tais apercepções empíricas devem se dissolver na autoconsciência pura. Ao menos a experiência ensina que a faculdade da imaginação possui aqui uma fronteira, por mais que possa ser difícil encontrar o seu fundamento necessário. Essa fronteira pode ser diferente em diferentes sujeitos, e talvez ampliada pelo exercício e pelo empenho, mas não será jamais suspensa. Quando a faculdade de reflexão ultrapassa essa fronteira, querendo reunir em uma autoconsciência representações que já residem além, ela perde tanto em clareza quanto ganha em expansão. Entre a amplitude do todo de uma representação e a distinção [*Deutlichkeit*] de suas partes há uma proporção [*Verhältnis*] determinada que será eternamente inultrapassável; por isso, em cada apreensão [*Aufnehmung*] de um grande **quantum** na faculdade da imaginação, perdemos tanto para trás quando ganhamos para a frente e, tendo atingido o fim, vemos desaparecido o começo.

O número de representações com as quais a distinção das partes individuais ainda pode subsistir perfeitamente seria, portanto, o máximo da faculdade de compreensão humana. Ele pode ser ultrapassado pela faculdade da imaginação, aliás consideravelmente, mas sempre a custo da distinção, e de modo desvantajoso para o entendimento, que tem de deter-se estritamente nele. Provavelmente, esse número não pode ser menos de *três*, pois o ato originário de pôr diante [*Entgegensetzen*], sobre o qual assenta todo pensar determinado, torna necessária essa ternaridade [*Dreiheit*]. É de se duvidar que vá além dela, e a experiência não fornece ao menos nada de que se pudesse comprová-lo. E assim o número *três* poderia, portanto, ser chamado de número sagrado, pois todo o nosso círculo de pensamento [*Denkkreis*] seria determinado para nós por ele.

Ora, por essa medida fundamental lógica orienta-se também a [medida fundamental] estética na avaliação das grandezas – a qual, na verdade, não pode ser tomada de modo tão restrito. Já está decidido que podemos ao menos enxergar e diferenciar mais de três unidades simultaneamente, ainda que decresça mais e mais a distinção à medida que impulsionamos mais longe a compreensão. Mas como na avaliação de grandezas admitem-se todas as partes como similares, a exigência de distinção é aqui já um pouco menos estrita. Poderemos talvez enxergar vinte pessoas com um olhar, mas será difícil reconhecer mais de três delas em um [mesmo] momento temporal. Acima de tudo, temos de prestar atenção aqui para não tomar por simultâneo aquilo que é apenas uma rápida sucessão. A rapidez com que o entendimento faz nove a partir de três vezes três não nos deixa mais diferenciar se essas nove unidades pairam diante de nossa alma de uma só vez ou em uma sequência de três momentos. Imaginamos com frequência apreender [*fassen*] com o sentido quando apenas compreendemos [*begreifen*] com o entendimento. Mas precisamos apenas fazer o seguinte experimento: [verificar] se aquilo que enxergamos de uma só vez com uma ordenação apropriada ainda faz esse efeito quando está em desordem. Divisão e ordem podem dar apoio apenas ao entendimento, nunca à faculdade da imaginação; logo, aquilo que só enxergamos com facilidade sob essa condição não foi por nós intuído, mas antes contado ou medido.

É esse máximo da compreensão, determinado pelos limites de nosso sujeito, aquilo que nos conduz em todas as medidas de grandeza, mesmo as matemáticas, como medida fundamental última. Como cada grandeza só pode ser determinada comparativamente, sem uma tal medida fundamental extrema faltaria ao entendimento um ponto fixo sobre o qual ele tem de, por fim, necessariamente assentar para poder determinar qualquer que seja a grandeza. Ora, cada *quantum* na natureza é avaliado segundo essa medida fundamental subjetiva, e sua identidade [*Einerleiheit*] em todos os seres humanos é também a única causa para que possa ter lugar um acordo nos juízos humanos sobre grandezas. Se essa medida fundamental fosse ampliada, todos os objetos surgiriam para nós, ao menos esteticamente, em uma outra relação de grandeza; cálculos que agora se dão apenas discursivamente segundo conceitos seriam obra de um olhar, e objetos que agora nos comovem por sua sublimidade se despojariam de toda a sua magia, desparecendo na classe comum.

Admitamos por ora que esse máximo da compreensão sensível seja *dez*. A faculdade da imaginação pode compreender [*begreifen*], portanto, dez unidades em uma sem que falte uma única dentre elas. Agora, contudo, estão contidas em uma dada grandeza mil de tais unidades, e todo o milhar deve ser apreendido na consciência. Não há qualquer dificuldade em apreender o *quantum*, i. e., em apreender cada uma dessas mil unidades individualmente na consciência, pois para isso não se exige nada senão tempo; mas compreendê-lo, i. e., reconhecer como idêntica a consciência dispersa em todas essas mil unidades representadas, compreender [*begrei-fen*] mil diferentes apercepções em uma única, eis a difícil tarefa que deve ser solucionada. Ora, não há nenhuma outra saída para isso senão essa: reduzir [*reduzieren*] essas mil unidades a dez, pois dez é o maior que a faculdade da imaginação pode compreender.

Como podem, entretanto, ser representadas mil unidades por meio de dez? De nenhum outro modo senão por conceitos, os quais são os únicos e constantes representantes [*Repräsentanten*] das intuições. A faculdade da imaginação renuncia, portanto, ao seu ofício intuitivo, e o entendimento começa o seu [ofício] discursivo (nesse caso, na verdade simbólico). O número tem de ajudar quando a intuição já não basta, e o pensamento tem de submeter-se àquilo de que o olhar não pode mais se tornar senhor [*Meister*].

A partir dessas dez unidades que são o máximo de compreensão sensível, o entendimento forma uma nova unidade lógica, o conceito numérico 10. Mas a faculdade da imaginação, conforme admitimos, pode compreender simultaneamente dez unidades. Pensado como unidade, portanto, esse conceito numérico 10 pode confluir, ao ser tomado dez vezes, em uma intuição [*Intuition*][20] da faculdade da imaginação. Obviamente, aquelas unidades lógicas que o entendimento forma não são apreendidas como multiplicidades [*Vielheiten*] nessa segunda compreensão, mas antes como unidades, e as dez unidades que cada uma delas compreende [*begreift*] em si não são mais levadas individualmente em consideração. Só vale, enquanto representante, o conceito, e o representado se perde na obscuridade ou desaparece. O entendimento

---

[20] Schiller emprega consistentemente o termo *Intuition* para referir-se ao tipo de representação produzido pela faculdade da imaginação, ou seja, ao resultado da síntese da compreensão. Nesse sentido, ela se distingue da *Anschauung*, que é o resultado da mera síntese espaçotemporal que tem lugar na sensibilidade. Uma vez que a tradução resulta idêntica em português, optou-se por deixar indicadas as ocorrências da primeira no corpo do texto.

compreende então essas dez unidades lógicas em uma nova unidade, o número 100, o qual, repetido dez vezes, pode ser mais uma vez representado simultaneamente pela faculdade da imaginação, dando o número 1000, que mede completamente o *quantum* dado. Ora, aquelas unidades originárias têm de apagar-se ainda muito mais nesse terceiro ato da compreensão, pois mesmo os seus representantes imediatos, os conceitos numéricos de dez, foram representados por outros, desaparecendo eles mesmos na obscuridade.

Em toda essa operação, a faculdade da imaginação não ampliou de modo algum a medida de sua compreensão; foi sempre o mesmo *quantum* de dez unidades que ela teve em mente em um [único] momento temporal. Contudo, na medida em que o entendimento trocou aquelas unidades sensíveis por [unidades] lógicas em três operações sucessivas, subsumindo-as novamente a outras [unidades] lógicas ainda mais altas, submeteu à faculdade da imaginação todo o *quantum* daquele 1000, escondendo desse modo para ela a sua pobreza estética em uma riqueza lógica.

Para saber, entretanto, que contamos mil e não dez, e que cada uma das últimas dez unidades abarca [*faßt*] em si outras cem, o ânimo tem de lembrar-se com rapidez das sínteses precedentes por meio das quais gera essa unidade. Tem de acompanhar a síntese progressiva ao menos uma obscura intuição [*Intuition*] do teor que reside nesses conceitos numéricos – o que pode perceber em si mesmo qualquer um que se observa ao calcular. Logo, é indefectível que, quanto mais cresçam os conceitos numéricos, mais o procedimento do ânimo tenha de se tornar lógico, e mais tenha de decrescer a intuitividade [*Anschaulichkeit*]; daí advém também que os conceitos numéricos mais altos por fim digam-nos muito menos do que os mais baixos, pois a esses últimos ainda unimos um teor [*Gehalt*]. Para sermos comovidos pelo conceito de um milhão de moedas de ouro, temos de lembrar, ao menos obscuramente, que grande teor reside já no número mil, e quantos vinténs contém já uma única moeda.

Um regimento de 2000 homens está de pé em uma longa fronte de três homens e queremos fazer rapidamente uma representação de sua grandeza. Admitirei que tudo seja colocado de dez em dez para facilitar a compreensão [*Übersicht*].[21] Assim, devemos fazer uma pequena seção **a**[22] a cada dez, e uma maior **aa** a cada cem, levando os olhos por todo o comprimento da fronte. Enxergaremos a primeira seção até **a**, conforme admitido, em um olhar simultâneo, ainda podendo-se diferenciar cada homem individual. Ora, essa seção é também uma unidade para o entendimento reflexionante [*reflektierend*]; quando, portanto, o olhar já tiver deslizado por dez de tais seções, e a faculdade da imaginação tiver realizado a sua compreensão dez vezes uma após a outra, o entendimento tenta mais uma vez pensar a identidade da consciência nessas dez compreensões, i. e., fazer dessas dez unidades lógicas uma nova – o que logra, na verdade, mas a custo da primeira intuição [*Intuition*], a qual esconde as *suas* partes na mesma proporção [*Verhältnis*] em que se transforma, ela mesma, em uma parte de outro todo. Assim como as compreensões sucessivas são tornadas simultâneas pelo entendimento reflexionante, as intuições [*Intuitionen*] simultâneas da faculdade da imaginação perdem a sua distinção, e pairam agora frente à alma meramente como massas. Se essa síntese for alçada ainda mais alto, gerando-se novas [unidades] a partir

---

[21] Além do sentido original de "inspeção", "visão superficial do todo", análogo ao de *Überblick*, o termo *Übersicht* associa-se à época de Schiller à noção de visão de conjunto, que sintetiza várias unidades diferentes, bem como à faculdade humana responsável por essa capacidade. Sua proximidade semântica com a ideia de compreensão torna-se evidente a partir da definição do dicionário Grimm: "em sentido figurado, a consideração compreensiva [*zusammenfassend*] de uma soma de unidades, casos, etc." (v. 23, p. 553). Por essa razão, optou-se por traduzi-lo como "compreensão", ao lado de *Zusammenfassung*, deixando as ocorrências indicadas no corpo do texto.

[22] Os negritos não constavam no texto original, e foram introduzidos apenas para tornar mais clara a leitura.

das unidades geradas, o individual desaparece totalmente, e toda a fronte se perde em um comprimento contínuo no qual não se pode mais diferenciar nem mesmo uma seção, muito menos uma cabeça individual. Daí resulta, portanto, que a distinção da intuição [*Intuition*] sempre permanece incluída apenas em um número determinado, que em todo o progresso discursivo do entendimento a faculdade da imaginação nunca amplia a sua riqueza real (no que diz respeito à simultaneidade da intuição), e que, mesmo que o cálculo vá até os milhões, será sempre apenas um número determinado o dominante, [aquele] no qual os demais como que soçobram. Se queremos obter uma impressão estética de um grande *quantum*, temos de buscar rapidamente restabelecer as unidades originárias a partir do conceito representante – o que ocorrerá, por exemplo, no caso arrolado, se buscarmos manter sempre sob os olhos a primeira seção enquanto olhamos para toda a fronte.

Mas justamente aqui – nessa tentativa da faculdade da imaginação de restabelecer a sensibilidade da representação a partir da representação [*Repräsentation*] lógica por conceitos numéricos, e assim compreender em uma intuição o comprimento com a largura, a simultaneidade com a sucessão – vêm à luz as fronteiras dessa capacidade, mas também a força de uma outra cuja posterior descoberta repara para nós de modo preponderante aquela falta.

A razão impele, segundo as suas leis necessárias, à totalidade[23] absoluta da intuição e, sem se deixar rebotar pela necessária limitação da faculdade da imaginação, exige dela uma completa compreensão de todas as partes do *quantum* dado em uma representação simultânea. A faculdade da imaginação é compelida, portanto, a oferecer toda a medida de sua capacidade compreensiva. Mas como, entretanto, não pode levar até o fim essa tarefa, nem, entretanto, ampliar o

---

[23] No original, *Totalität*. Optou-se por traduzir, indiferentemente, *Totalität* e *Allheit* por "totalidade" pois Schiller parece empregar os dois termos de modo intercambiável.

seu círculo, não obstante todo empenho, volta-se esgotada sobre si mesma, e o ser humano sensível sente com penosa intranquilidade os seus limites.

Mas é um poder [*Gewalt*] exterior que lhe dá essa experiência de seus limites? É culpa do imensurável oceano, ou do céu infinito, semeado de estrelas,[24] que eu me torne na apresentação de suas grandezas consciente de minha impotência? De onde sei, então, que elas são grandezas sobreabundantes para a minha apresentação, e que não posso prover-me da totalidade de sua imagem? Será que sei a partir desses objetos que eles devem perfazer um todo da representação? Mas eu só poderia saber disso por meio de minha representação deles, e no entanto pressupõe-se que eu não possa representá-los como um todo. Eles não são, portanto, dados para mim como um todo; sou eu mesmo que primeiramente ponho neles o conceito da totalidade. Já tenho, portanto, esse conceito em mim, e é a mim mesmo, o ser pensante, que sucumbo, o ser que apresenta. Experimento, com efeito, na contemplação desses objetos grandes a minha *impotência*, mas a experimento por meio de minha *força*. Não é pela natureza, é *por mim mesmo que sou suplantado*.

Quando quero compreender simultaneamente[25] todas as partes individuais de um **quantum** apreendido, o que quero propriamente fazer? Quero reconhecer a identidade de minha autoconsciência em todas essas representações parciais, quero

---

[24] A expressão "céu infinito semeado de estrelas" parece referir-se à celebre passagem que abre a conclusão da *Crítica da razão prática*, onde Kant alude, precisamente, a duas dimensões infinitas da experiência humana, uma externa e outra interna, ainda que num contexto que não envolve o sublime: "Duas coisas enchem o ânimo de admiração e respeito sempre novos e crescentes, o quão mais frequentemente e prolongadamente a reflexão delas se ocupa: o céu estrelado acima de mim e a lei moral em mim" (KANT, AA 05: 161.33-36).

[25] Para o uso de *zumal* como sinônimo de *gleichzeitig* ("simultaneamente"), cf. Grimm; Grimm (v. 32, p. 531), onde Schiller é especificamente mencionado.

encontrar a mim mesmo em todas elas. Quero dizer para mim mesmo: "Todas essas partes foram representadas através de mim, o sujeito que permanece sempre idêntico". Temos de lembrar que a razão sempre exige apenas a compreensão das partes que já estão apreendidas, portanto já representadas na consciência empírica; pois uma grandeza só começa a me comover quando a percorro com minha faculdade da imaginação, logo quando apreendi as suas partes, mas não posso compreendê-la.

Quero, portanto, dissolver representações que já tive em uma única e não posso – e sinto como penoso que eu não possa. Mas para sentir que não posso cumprir uma exigência, tenho de possuir simultaneamente a representação dessa exigência e de minha incapacidade. Mas essa exigência é aqui: totalidade das partes na compreensão, ou unidade do meu eu em uma certa série de modificações de meu eu. Logo, tenho de representar que não posso fazer uma representação da unidade de meu eu em todas essas modificações; mas justamente por meio disso é que represento tal unidade. Penso já na totalidade de toda a série justamente porque *quero* pensá-la, pois não posso querer nada de que já não tenha uma representação. Logo, carrego já em mim essa totalidade que busco apresentar justamente porque busco apresentá-la. O grande está, portanto, em mim, não fora de mim. Trata-se de meu sujeito, eternamente idêntico, subsistente em cada mudança [*Wechsel*], reencontrando a si mesmo em cada transformação. Posso continuar a apreensão até o infinito: isso não quer dizer outra coisa senão que minha consciência é idêntica nas infinitas modificações de minha consciência, que toda a infinitude reside na unidade do meu eu.

Essa dissolução deixa-se expressar ainda com uma outra fórmula. Em todas as representações de objetos, inclusas também as de grandeza, o ânimo nunca é apenas aquilo que *é determinado*, mas antes sempre simultaneamente aquilo que *determina*. É, com efeito, o objeto que me modifica; mas sou eu, o sujeito que representa, que torna o objeto um objeto, e que portanto modifica a si mesmo por meio de seu produto.

Em todas essas modificações têm de haver, contudo, algo que não se modifica, e esse princípio [*Prinzipium*] eternamente imutável é justamente o eu puro e idêntico, o fundamento de possibilidade de todos os objetos, na medida em que são representados. Aquilo que sempre reside apenas nas representações do grande reside em nós, que geramos essas representações. Qualquer lei que possa ser-nos dada para nosso pensar ou agir é-nos dada *por meio de nós*. Somos sempre *nós* que a estabelecemos: seja quando, como seres sensivelmente limitados, *temos* de deixá-la descumprida, como aqui, no teórico, a lei da totalidade na apresentação de grandezas; seja quando, como seres livres, a violamos por vontade própria, como, no prático, a lei dos costumes [*Sitten*]. Portanto, posso perder-me na representação vertiginosa do espaço onipresente ou do tempo que nunca finda, ou sentir minha própria nulidade na representação da perfeição absoluta – sou, entretanto, sempre *eu* aquele que dá ao espaço sua amplidão infinita e ao tempo sua eterna duração; sou eu mesmo aquele que carrega em si a ideia do santíssimo, pois sou eu que a estabeleço; e a divindade que represento é minha criação, tão certo quanto é meu o *meu* pensamento.[26]

O sublime da grandeza não é, portanto, nenhuma propriedade objetiva do objeto a que é atribuído [*beilegen*], mas antes meramente o efeito de nosso próprio sujeito por ocasião daquele objeto. Ele emana, *por um lado*, da incapacidade [*Unvermögen*] representada da faculdade da imaginação em atingir a totalidade na apresentação da grandeza que é estabelecida como exigência pela razão; *por outro lado*, da capacidade [*Vermögen*] representada da razão de poder estabelecer tal exigência. No primeiro se funda a força *repulsiva*, no segundo a força *atrativa* do grande e do sensivelmente infinito.

Embora o sublime seja um fenômeno gerado antes em nosso sujeito, tem de estar contida nos objetos mesmos a razão [*Grund*] pela qual justamente esses, e não outros, dão-nos

---

[26] Os demais parágrafos, a partir deste ponto do texto, foram preservados nos *EM*.

ocasião para tal uso. E como, ademais, colocamos em nosso juízo o predicado do sublime *no objeto* (com o que aludimos ao fato de que não efetuamos essa ligação de modo meramente arbitrário, mas antes supomos estabelecer por meio disso uma lei para qualquer um), tem de estar contida no nosso sujeito uma razão [*Grund*] necessária pela qual fazemos justamente esse uso, e não outro, de uma certa classe de objetos.

Há, por conseguinte, condições *internas* e *externas* do sublime-matemático. Entre aquelas está uma certa relação determinada entre a razão e a faculdade da imaginação, entre essas uma relação determinada entre o objeto intuído e nossa medida estética de grandezas.

Se o grande deve nos comover, tanto a faculdade da imaginação quanto a razão têm de se exprimir com um certo grau de força. Requer-se da faculdade da imaginação que ela convoque toda a sua capacidade de compreensão para a apresentação da ideia do absoluto a que impele implacavelmente a razão. Se a fantasia estiver inativa e inerte, ou se a tendência do ânimo voltar-se mais para conceitos do que intuições, até o objeto mais sublime permanece meramente um objeto lógico, e não será de modo algum posto frente ao foro estético. Essa é a razão [*Grund*] pela qual seres humanos de preponderante força de entendimento analítico raramente mostram muita receptividade para o esteticamente grande. Ou bem sua faculdade da imaginação não é suficientemente vivaz sequer para aceder à apresentação do absoluto da razão, ou bem seu entendimento está ativo demais apropriando-*se* do objeto e passando-o do campo da intuição [*Intuition*] para o seu domínio discursivo.

Sem uma certa força da fantasia o objeto grande não se torna de modo algum estético; sem uma certa força da razão, em contrapartida, o [objeto] estético não se torna sublime. A ideia do absoluto exige já um desenvolvimento maior do que o habitual da mais alta faculdade da razão, uma certa riqueza de ideias e uma familiaridade mais precisa do ser humano com o seu eu mais nobre. Aquele cuja razão ainda não tiver recebido nenhuma formação [*Ausbildung*] jamais saberá fazer um uso suprassensível daquilo que é grande nos sentidos. A razão não se imiscuirá de modo algum nesse ofício, que será deixado apenas à faculdade da imaginação ou apenas ao entendimento. Mas a faculdade da imaginação está longe de aceder, por si só, a uma compreensão que se torna para ela penosa. Ela se contenta, portanto, com a mera apreensão, e não lhe ocorre de modo algum querer dar totalidade às suas apresentações. Daí a estúpida insensibilidade [*Unempfindlichkeit*] com a qual o selvagem pode habitar no seio da natureza mais sublime e em meio aos símbolos do infinito sem por meio disso ser despertado de seu sono animal, sem também nem de longe pressagiar o grande espírito da natureza que, a partir do que é sensivelmente incomensurável, fala para a alma que sente.

Daquilo que o selvagem bruto fita com tola falta de sentimento [*Gefühllosigkeit*] foge o fracote enervado como de um objeto de pavor que lhe mostra não a sua força, mas apenas a sua impotência. Seu coração estreito sente-se penosamente expandido por representações grandes. Embora sua fantasia seja suficientemente estimulável para arriscar-se na apresentação do sensivelmente infinito, sua razão não é suficientemente autônoma para finalizar com sucesso esse empreendimento. Ele quer galgar até lá, mas se prostra, cansado, a meio caminho. Luta com o gênio temível, mas com armas terrenas, e não imortais. Consciente dessa fraqueza, prefere subtrair-se a uma visão que o abate, e busca ajuda junto àquela que consola todos os fracos: a *regra*. Se não pode ele mesmo se aprumar até o grande da natureza, a natureza tem de descer até sua pequena faculdade de apreensão [*Fassungskraft*]. A natureza tem de trocar suas formas audazes por [formas] artificiais, estranhas a ela, mas que são para seu sentido amolengado uma carência. Ela tem de submeter sua vontade ao jugo férreo dele e ajustar-se aos grilhões da conformidade a regras matemáticas. Assim surge o antigo gosto francês nos jardins, que acabou recuando de modo quase universal frente ao inglês sem por isso, contudo, aproximar-se notavelmente mais do verdadeiro gosto.[27] Pois o caráter da natureza é tão pouco mera multiplicidade quando uniformidade. Do mesmo modo, sua tranquila e madura seriedade concilia-se muito mal com as passagens rápidas e insensatas por meio das quais a fazem saltar de uma decoração a outra no gosto moderno da jardinagem. Ao transformar-se, não se despoja de sua unidade harmônica, antes esconde sua abundância em modesta simplicidade, e vemo-la honrar a lei da continuidade mesmo na liberdade mais opulenta.[*]

Entre as condições objetivas do sublime-matemático está, em primeiro lugar, que o objeto que devemos reconhecer como tal perfaça um todo e, portanto, mostre unidade; em segundo, que torne para nós totalmente inutilizável a mais alta medida sensível com a qual costumamos medir todas as grandezas. Sem a primeira, a faculdade da imaginação não seria de modo algum intimada a tentar uma apresentação de sua totalidade; sem a segunda, essa tentativa não poderia ser para ela malfortunada.

O horizonte supera toda grandeza que pode surgir frente a nossos olhos, pois todas as grandezas espaciais têm de residir nele. Apesar disso, notamos que frequentemente uma única montanha que se eleva no horizonte está em condição de nos dar uma impressão muito mais forte do sublime do que todo o raio de visão que abarca não apenas essa montanha, mas também mil outras grandezas. Isso se deve ao fato de que o

---

[27] O tema era comum nas investigações estéticas do século XVIII. Schiller, por exemplo, redigiria em 1794 uma resenha sobre um calendário de jardinagem a pedido de Johann Friedrich Cotta, com quem editaria a partir do ano seguinte o periódico *Die Horen* junto com Goethe. A resenha foi publicada no n. 322 do *Allgemeine Literatur-Zeitung*, em 11/10/1794. Sobre esse tema, ver Benn (1991, p. 28-35).

[*] A arte da jardinagem e a arte da poesia dramática tiveram, nos tempos modernos, mais ou menos o mesmo destino, e na verdade nas mesmas nações. A mesma tirania das regras nos jardins franceses e nas tragédias francesas; a mesma garrida e selvagem falta de regras nos parques dos ingleses e em seu Shakespeare; e como o gosto alemão teve de receber desde sempre a lei dos estrangeiros, teve também nesse caso de oscilar para lá e para cá entre esses dois extremos.

horizonte não aparece para nós como um único objeto, e de que não somos portanto convidados a compreendê-lo em um todo da apresentação. Se, contudo, afastamos do horizonte todos os objetos que atraem para si o olhar de modo particular, se pensamos em nós mesmos em uma ampla e ininterrupta planície, ou no mar aberto, o próprio horizonte torna-se um objeto – e na verdade o mais sublime que pode aparecer aos olhos. A figura circular do horizonte contribui particularmente muito para essa impressão por ser, em si mesma, tão fácil de apreender [*fassen*], de modo que a faculdade da imaginação mal pode furtar-se a tentar a sua consumação.

Mas a impressão estética da grandeza baseia-se no fato de que a faculdade da imaginação tenta *infrutiferamente* a totalidade da apresentação no objeto dado, e isso só pode ocorrer se a mais alta medida de grandeza que ela pode apreender [*fassen*] distintamente de uma vez – adicionando-a a si mesma tantas vezes quanto o entendimento pode distintamente pensar em conjunto [*zusammendenken*] – é muito pequena para o objeto. Daí, contudo, parece seguir-se que objetos de mesma grandeza teriam de causar uma impressão igualmente sublime, e que o menor poderá produzir menos essa impressão. Mas a experiência fala contra isso. Pois, segundo ela, a parte aparece não raro como mais sublime do que o todo, a montanha ou a torre mais sublimes do que o céu no qual despontam, o penhasco mais sublime do que o mar cujas ondas o circunvagam. Temos, contudo, de nos lembrar aqui da condição mencionada acima graças à qual a impressão estética só se segue quando a imaginação [*Imagination*] acede à totalidade do objeto. Se ela abandonar isso no objeto bem maior e, em contrapartida, observá-lo no que é menor, pode ser comovida esteticamente por esse último e permanecer, entretanto, insensível em relação ao primeiro. Mas se pensa no objeto como uma grandeza, pensa-o simultaneamente como uma unidade, e assim o maior tem de necessariamente causar uma impressão proporcionalmente mais forte na mesma medida em que supera o outro em grandeza.

Todas as grandezas sensíveis estão ou no espaço (grandezas extensas) ou no tempo (grandezas numéricas). Embora toda grandeza extensa seja também uma grandeza numérica (pois temos de apreender também no tempo aquilo que é dado no espaço[28]), a grandeza numérica mesma só é sublime na medida em que a transformo em uma grandeza espacial. O afastamento da Terra em relação a Sirius é, com efeito, um monstruoso *quantum* no tempo, sobreabundante para minha fantasia se quero compreendê-lo [*begreifen*] em sua totalidade. Mas se não aceder mais em intuir essa grandeza temporal, buscando antes a ajuda de números, só obtenho a impressão sublime quando lembro que a maior grandeza espacial que posso compreender em uma unidade, p. e. uma cadeia montanhosa, é entretanto uma medida muito pequena, totalmente inutilizável para esse afastamento. Tomo a medida para ele, portanto, de grandezas extensas, e depende justamente da medida se um objeto deve aparecer grande para nós.

A grandeza no espaço mostra-se seja em *comprimentos* seja em *alturas*, das quais fazem parte também as *profundidades*. Pois a profundidade é apenas uma altura abaixo de nós, assim como a altura pode ser chamada uma profundidade acima de nós. Por isso os poetas latinos não têm reservas em utilizar a expressão *profundus* também para alturas:

> *ni faceret, maria ac terras coelumque profundum*
> *quippe ferant rapidi secum.*[29]

---

[28] Na "Estética transcendental" da *Crítica da razão pura*, Kant distingue entre intuições sensíveis externas, ou seja, aquelas que apontam para um objeto fora de mim, e intuições internas, isto é, as representações que o sujeito tem de si mesmo como um conjunto de faculdades ou poderes do ânimo. As primeiras estão submetidas aos princípios *a priori* do espaço e do tempo, ao passo que as últimas apenas ao tempo. Cf. Kant (AA 03: 60.13-61.32).

[29] *Eneida*, Livro I, v. 58-59. A passagem refere-se ao controle que Éolo mantém, sentado em seu trono e brandindo seu cetro, sobre os ventos e tempestades. Na tradução de Manuel Odorico Mendes, lê-se: "Que

Alturas aparecem muito mais sublimes do que comprimentos igualmente grandes, e o fundamento para isso reside em parte no fato de que o sublime dinâmico se une à visão das primeiras. Um mero comprimento, por mais que o percamos de vista, não possui em si nada de temível; já uma altura provavelmente sim, pois poderíamos dela despencar. Pela mesma razão [*Grund*] uma profundidade é ainda mais sublime do que uma altura, pois a ideia do temível a acompanha de modo imediato.[30] Se uma grande altura deve ser terrificante para nós, temos de primeiramente pensar-nos no alto, transformando-a assim em uma profundidade. Podemos fazer facilmente essa experiência ao contemplar um céu nublado misturado ao azul em um poço ou, então, em águas escuras, onde sua profundidade infinita dá uma visão inigualavelmente mais horrípila do que sua altura. O mesmo ocorre em grau ainda mais alto se o contemplamos de costas pois, por meio disso, ele se torna do mesmo modo uma profundidade, e compele irresistivelmente nossa faculdade da imaginação à apresentação de sua totalidade por ser o único objeto que recai sobre os olhos. Na verdade, alturas e profundidades já atuam de modo mais forte sobre nós porque a avaliação de sua grandeza não é enfraquecida por nenhuma comparação. Um comprimento tem no horizonte sempre uma norma para a qual perde [em grandeza], pois por mais que se estenda, o céu se estende tanto quanto ele. Na verdade, a mais alta cadeia montanhosa é sempre pequena em relação à altura do céu. Mas quem ensina isso é meramente o entendimento, e não os olhos; não é o céu que torna as montanhas mais baixas por meio de sua altura, antes são as montanhas que mostram, por meio de seu tamanho, a altura do céu.

---

não o faça, varridos mar e terra e o céu profundo lá se vão pelos ares" (VIRGÍLIO, 2005, p. 17).

[30] *NT:* "mais imediato" [*unmittelbarer*] em lugar de "imediato" [*unmittelbar*].

Por isso, quando se diz que Atlas sustenta o céu, isso não é apenas uma representação *oticamente* correta, mas também *simbolicamente* verdadeira. Assim como o céu mesmo parece assentar sobre Atlas, assenta igualmente a nossa representação da altura do céu sobre a altura de Atlas. Em sentido figurado, portanto, a montanha carrega efetivamente o céu, pois o mantém nas alturas para a nossa representação sensível. Sem a montanha o céu *cairia*, i. e., ele desceria [*sinken*] oticamente de sua altura e seria rebaixado.[31]

---

[31] Na *NT*, o artigo encerrava-se com a observação "Segue a continuação" [*Die Fortsetzung folgt*], removida nos *EM*. A continuação, com efeito, nunca foi publicada.

Objetos trágicos, objetos estéticos

Vladimir Vieira

No início de sua celebrada obra, *Schiller as Philosopher: a Re-Examination* (2005), Frederick Beiser reconstitui os principais momentos da recepção de Friedrich Schiller com o intuito de avaliar de que modo ele foi tomado, ao longo da história, pela tradição filosófica. Segundo o comentador, até o final do século XIX o poeta e dramaturgo ainda era também considerado uma das principais referências para o neokantismo, tendo sido estudado, ao lado do próprio Kant, por diversos pensadores associados a essa corrente de pensamento, tais como Kuno Fischer, Ernst Cassirer e Hans Vaihinger.[1] No século XX, entretanto, Schiller teria perdido seu *status* filosófico, passando a ser reconhecido exclusivamente por suas realizações artísticas ou literárias. "Com efeito", insiste Beiser, "de todos os pensadores clássicos da *Goethezeit*, Schiller foi um dos menos estudados pelos filósofos. [...] Comparada à torrente de estudos sobre Kant e qualquer dos idealistas alemães, a produção sobre Schiller é equivalente a uma gota".[2]

---

[1] Beiser (2005, p. 8).

[2] Beiser (2005, p. 7).

Beiser sugere que esse declínio na percepção de valor dos escritos teóricos schillerianos relaciona-se à crescente especialização do trabalho acadêmico: "Schiller foi poeta e filósofo; mas foi, por profissão e inclinação, primeira e principalmente poeta. Para nossa era especializada, isso só pode significar uma coisa: que ele foi um filósofo *amador*, de modo que o estudo de seus escritos pertence propriamente ao domínio da literatura".[3] Esteja ou não correto tal diagnóstico, é compreensível que eles não despertem, em comparação com os trabalhos de outros idealistas alemães, um interesse filosófico mais geral. Os estudos de Schiller nessa área tiveram por resultado apenas um pequeno conjunto de ensaios e artigos relativamente curtos, publicados na década de 1790 em dois periódicos dos quais foi organizador, *Neue Thalia* (1792-1793) e *Die Horen* (1795-1797), o segundo na companhia de Goethe. Escapa a essa breve produção uma abordagem mais demorada de alguns dos problemas tradicionalmente arrolados como centrais para a história da filosofia, tais como a questão do conhecimento ou a lógica. Escapa-lhe também um tratamento mais sistemático de tais problemas, como encontramos, por exemplo, em Kant ou Hegel, ainda que isso pudesse ser tomado de modo positivo por algumas correntes de pensamento contemporâneas.

Muito mais surpreendente, contudo, é observar esse desinteresse dentro da própria área da estética. Pois se Schiller realizou, naquele período, contribuições importantes para a ética, para a antropologia e para a história da arte, elas estão indiscutivelmente articuladas à discussão de temas recorrentes dessa disciplina, tais como o belo, o sublime ou o gênio. Ele foi também um dos primeiros a buscar estabelecer um diálogo crítico com a obra de Kant, que é usualmente considerada o primeiro grande tratado da tradição estética moderna, a *Crítica da faculdade do juízo* (1790).

---

[3] Beiser (2005, p. 8).

Entre os textos publicados por Schiller, os artigos que integram o presente volume são, precisamente, aqueles que evidenciam de modo mais claro um esforço para *apropriar-se* intelectualmente de Kant, no pleno sentido dessa palavra: apreender as complexas distinções conceituais do sistema transcendental e, refletindo a partir delas sobre a sua experiência como dramaturgo, torná-las suas. Apesar disso, eles foram também os que menos granjearam a atenção daqueles que se dedicam a estudos nessa área. O fato de que podem ser tomados como uma das primeiras respostas aos problemas colocados pela terceira crítica de Kant parece ter despertado pouca ou nenhuma curiosidade entre os intérpretes dessa obra, malgrado o grande volume de pesquisas sobre ela que se faz notar especialmente a partir da segunda metade do século XX. Mesmo entre autores mais antigos, que ainda mantinham a convicção de que a produção schilleriana era filosoficamente relevante, esses textos eram usualmente negligenciados como escritos "menores", confusos do ponto de vista da exposição ou redundantes do ponto de vista teórico.[4]

---

[4] Um dos primeiros intérpretes de Schiller em língua inglesa, ao lado de Thomas Carlyle, Calvin Thomas afirma sobre esses escritos que seguir o autor "em todo o vai e vem de sua teorização requereria um tratado; e o tratado seria uma leitura chata, exceto, talvez, para aqueles especialmente interessados na história da discussão estética" (1901, p. 264). De acordo com essa posição, concede a esses textos em suas análises um espaço consideravelmente menor do que, por exemplo, às *Kalliasbriefe*, que sequer chegaram a ser organizadas por Schiller para publicação. Friedrich Überweg, por outro lado, comenta de modo bastante detalhado "Sobre o fundamento do deleite com objetos trágicos" e "Sobre a arte trágica" (1884, p. 168-181), mas conclui que os artigos acerca do sublime e do patético, entre os quais inclui "Sobre o patético" e "Observações dispersas sobre diversos objetos estéticos", "possuem, em comparação com a maior parte dos outros artigos estéticos de Schiller, menos de peculiar, devendo algumas partes [...] serem consideradas quase somente como estudos kantianos que Schiller fizera frente ao público" (1884, p. 220).

Especular sobre os motivos que poderiam explicar a má reputação filosófica desses textos exige aproximar-se um pouco mais do processo que levou à sua composição. Schiller atuava desde maio de 1789 como professor de História na Universidade de Jena, posto que conquistara graças à repercussão de seus trabalhos nessa área, os quais haviam sido, por seu turno, fruto de pesquisas que empreendera para a composição de *Don Carlos* (1785-1787).[5] Apesar de suas expectativas iniciais, especialmente no que diz respeito à possibilidade de obter alguma segurança financeira, a nova carreira o desapontara: o trabalho era extenuante, os ganhos insuficientes, e o ambiente na universidade extremamente desagradável. No final do ano, o pensador já discutia com o amigo Körner alternativas para o futuro, possivelmente seguir como historiador e transferir-se após alguns anos para outra instituição, o que não era possível imediatamente em razão de seu iminente casamento com Charlotte von Lengefeld.[6]

---

[5] A maior parte desses trabalhos havia sido publicada no *Teutsche Merkur*, periódico organizado por Wieland, ao longo de 1788.

[6] A correspondência com Körner (SCHILLER; KÖRNER, 1874) documenta admiravelmente o desapontamento com a nova carreira. Em 9 de março de 1789, Schiller escreve sobre as boas perspectivas de Jena (p. 289), e traça planos ao longo do mês para a organização de suas preleções (10/03/1789, p. 292-293; 26/03/1789, p. 297). Em 28 de maio, mal consegue disfarçar seu orgulho ao narrar para o amigo os eventos de sua primeira aula, que tivera lugar dois dias antes: tendo-se revelado o auditório originalmente escolhido pequeno demais para o número de interessados, foi designado um novo local, o maior disponível na universidade, com capacidade para até quatrocentas pessoas. Durante o deslocamento, os espectadores corriam para assegurar os melhores assentos, de tal modo que o movimento pelas ruas da cidade chegou a ser confundido pelos transeuntes com um alarme de incêndio (p. 315-317). Esse entusiasmo perduraria até o final do semestre, quando Schiller ainda considera a possibilidade de ganhos financeiros com a oferta de preleções privadas no inverno (28/09/1789, p. 330). Mas esse projeto não tem o resultado esperado, e o convívio com as veleidades da academia mostra-se cada vez mais difícil (10/11/1789, p. 335-336). Na véspera do Natal, já escreve a

Enquanto permanece em Jena, Schiller mantém vínculos intelectuais com Wieland e, sob a sua influência, dedica-se a estudos mais aprofundados sobre a Antiguidade greco-romana, dos quais dão testemunho artigos e traduções publicados especialmente na *Thalia*, periódico que organizava desde 1785.[7] Nesse contexto, decide oferecer um curso sobre a tragédia para o semestre letivo do verão de 1790, e o trabalho parece entusiasmá-lo mais do que as preleções sobre história universal, como confessa a Körner: "Mesmo as preleções me dão agora mais deleite. Adquiro novos conceitos, faço novas combinações e sempre ponho de lado algum material para futuras construções do espírito".[8] Mas naquilo que parecia, num primeiro momento, apenas um modo mais agradável de cumprir suas obrigações universitárias, o pensador parece agora entrever um caminho de retorno para a dramaturgia, com a qual enfrentava dificuldades desde a conclusão de *Don Carlos*. Schiller percebe a necessidade de estudar mais profundamente os fundamentos e regras de sua principal atividade poética, e conclui que "o trabalho na área dramática talvez seja adiado ainda por um tempo bastante longo. Antes que me tenha apoderado completamente da tragédia grega e transformado minhas obscuras noções das regras e da arte em conceitos claros não acederei a nenhum trabalho dramático".[9]

Forçado a reduzir suas atividades acadêmicas por motivos de saúde, Schiller decide no início do ano seguinte estender seus estudos também à terceira crítica de Kant, a

---

Körner: "Provavelmente não manterei essa existência [em Jena] por mais do que alguns anos; mas se não conquistar com isso nada mais do que tornar o todo da história para mim mais corrente, não tomarei esses dois, três anos como completamente perdidos" (p. 347).

[7] Por exemplo, *Ifigênia em Áulis* e *As fenícias*, de Eurípides, em 1789, bem como *Electra*, em 1791, além de ensaios como "Die Sendung Moses" e "Die Gesetzgebung des Lykurgus und Solon", ambos de 1790.

[8] Schiller; Körner (1874, 01/11/1790, p. 384).

[9] Schiller; Körner (1874, 26/11/1790, p. 387).

que Körner fizera referência quando o projeto do curso fora originalmente mencionado.[10] Tendo em vista já as preleções de inverno, seu plano é restringir-se nesse momento a essa obra, pois julga a *Crítica da razão pura* ou a *Crítica da razão prática* além de sua capacidade teórica: "Com minha pouca familiaridade com sistemas filosóficos, a *Crítica da razão* e mesmo alguns dos escritos de Reinhold seriam por agora muito difíceis, e tomariam muito tempo".[11] O contato com Kant mostra-se, entretanto, muito mais estimulante do que previra, e no início de 1792 o dramaturgo já manifesta o desejo de empregar a liberdade conquistada com o inesperado patrocínio do duque de Augustenburg e do conde de Schimmelmann para aprofundar-se em seu sistema filosófico como um todo.[12]

---

[10] Na resposta à carta de 16/05/1790, em que Schiller mencionava o projeto do curso sobre a tragédia, Körner relatara: "No momento ocupo-me do material para uma teoria do ideal, que sempre cresce e se depura. A *Crítica da faculdade do juízo* de Kant me dá novamente trabalho" (SCHILLER; KÖRNER, 28/05/1790, p. 372). Quase um ano mais tarde, em 05/03/1791, é a vez de Schiller perguntar: "Você não adivinha o que eu leio e estudo no momento? Nada pior do que Kant. Sua *Crítica da faculdade do juízo*, que eu mesmo obtive, me arrasta com seu conteúdo claro e espiritualmente rico, e me trouxe o maior anseio de trabalhar para entrar mais e mais em sua filosofia" (p. 402).

[11] Schiller; Körner (1874, 05/03/1791, p. 402).

[12] No final de 1791, Schiller recebera uma inesperada pensão de três anos, sem quaisquer obrigações, dos dois nobres dinamarqueses em circunstâncias prosaicas: supunha-se naquele país que ele falecera em razão dos graves problemas de saúde que enfrentara no primeiro semestre, e preparativos para uma cerimônia fúnebre chegaram a ser realizados. Reinhold corrigira a informação por meio do poeta dinamarquês Jens Baggesen, que conhecera Schiller em Jena por volta de 1790 e fora responsável pela divulgação de sua obra naquele país. Agora sem pressões de ordem financeira, Schiller revela a Körner no primeiro dia de 1792 como pretende empregar a sua nova liberdade: "Ocupo-me agora com grande zelo da filosofia kantiana [...]. Minha deliberação, tomada de modo irrevogável, é não abandoná-la antes de tê-la fundamentado, mesmo que isso possa me custar três anos"

Os artigos traduzidos no presente volume refletem essas duas direções em que se moviam as preocupações teóricas de Schiller durante os primeiros anos da década de 1790: ganhar uma compreensão mais sólida acerca dos princípios da arte trágica e pôr em obra para esse fim o aparato conceitual da doutrina estética kantiana. Eles foram publicados na *Neue Thalia*, que Schiller e Göschen, o editor da *Thalia*, decidiram rebatizar desse modo precisamente para indicar a mudança no caráter da produção almejada pelo periódico, doravante mais filosoficamente orientado. O empreendimento estendeu-se por apenas dois anos, entre 1792 e 1793, compreendendo um total de quatro volumes, dois por ano, cada um contendo por sua vez três números.

O encerramento das atividades da *Neue Thalia* constitui, na verdade, um novo momento no percurso intelectual de Schiller. A aproximação com Goethe, a partir de 1794,[13] tornou ainda mais vivo o seu interesse pela Antiguidade, que já se fazia presente, como indicado acima, desde o final da década anterior. Juntos, os dois grandes pensadores do Classicismo alemão decidem organizar um novo periódico, voltado para literatura e poesia, cuja edição Johann Friedrich Cotta, de Tübingen, concordara em financiar.

É nessa publicação, *Die Horen*, que se encontram os textos schillerianos mais célebres, tais como as cartas *Sobre a educação estética do homem...* e o ensaio "Sobre poesia ingênua e sentimental", ambos de 1795, os quais se diferenciam em vários aspectos daquilo que observamos na *Neue Thalia*. Livre

---

(SCHILLER; KÖRNER, 1874, p. 439). Sobre o tema, cf. Beiser (2005, p. 37-41); Hoffmeister (1869, v. 2, p. 159-179); Thomas (1901, p. 253-254).

[13] Schiller fora formalmente apresentado a Goethe em 1788, na casa dos Lengefeld, mas as relações entre os dois pensadores permaneceram inicialmente, na melhor das hipóteses, apenas cordiais. Elas se estreitaram apenas a partir de um encontro casual em Jena, em 1794. Cf. Hoffmeister (1869, v. 2, p. 45-46, 197-200) e Thomas (1901, p. 210-212; 290-297).

das amarras da filosofia kantiana, seu estilo é decididamente mais poético, como se o autor estivesse se preparando para a definitiva retomada da dramaturgia que teria lugar a partir do final da década.[14] O mais notável, contudo, é o esforço para superar o enfoque primordialmente conceitual que marcara suas primeiras investigações teóricas. Schiller parece mover-se conscientemente para fora do estrito domínio da estética pura, articulando suas ideias sobre o belo e a arte a considerações históricas e socioculturais. De certo modo, poder-se-ia dizer que todos os diversos estágios de sua formação – como historiador, esteta, helenista, crítico da cultura – confluem para esses trabalhos, que podem ser considerados, sob esse ponto de vista, como o ápice de sua produção.

Essa parece ser uma das principais razões que poderiam justificar um desinteresse pelos escritos da *Neue Thalia* – a saber, precisamente o fato de que Schiller teria atingido a sua maturidade intelectual num momento posterior de sua breve carreira filosófica. Os trabalhos que integram aquele periódico seriam considerados, sob esse ponto de vista, como exercícios preparatórios, pontos de passagem na trajetória que culminou em *Die Horen* e na consolidação de suas ideias sobre ética, estética e história em uma teoria mais abrangente e consistente.[15] Mesmo se levamos em conta apenas o que foi publicado no início da década de 1790, os artigos traduzidos no presente volume permanecem ainda sob a sombra do ensaio mais ambicioso do período, "Sobre graça e dignidade". Eles são frequentemente tomados como meros estudos sobre

---

[14] Os últimos artigos teóricos de Schiller são aqueles publicados em *Die Horen*. Sua atividade dramatúrgica seria retomada já no final da década, com a redação de *Wallenstein* (1799) e, no ano seguinte, de *Maria Stuart*.

[15] Esta é a posição defendida, por exemplo, por Deric Regin, para quem esses trabalhos, "em si mesmos, dificilmente podem ser avaliados como contribuições importantes para a compreensão da arte trágica, mas esclarecem, com efeito, o desenvolvimento em direção à *Ästhetische Erziehung*" (1965, p. 112).

a terceira crítica que pouco ou nada acrescentam de significativo ao que já fora exposto naquela obra além de guarnecer a doutrina kantiana de exemplos, oriundos de sua experiência como dramaturgo.

É inegável que em *Die Horen* encontramos as reflexões schillerianas em sua forma mais bem-acabada. Não causa admiração, portanto, que os artigos publicados nesse periódico recebam de modo geral uma maior atenção da comunidade acadêmica. Mas esse argumento não deveria fazer sentido para a área da estética. Ao contrário, são precisamente os trabalhos da *Neue Thalia* que estabelecem um diálogo mais direto com a tradição fundada pela terceira crítica. Logo, são eles que deveriam constituir-se como um objeto privilegiado de investigação para aqueles que se dedicam a estudos pertinentes a essa disciplina filosófica.[16]

Resta, desse modo, a suposição de que Schiller nada mais fez do que ilustrar a teoria kantiana através de sua experiência de palco. Mas, como se verá mais adiante, tal afirmação é falsa, e não pode ser tomada senão como um preconceito que uma abordagem mais cuidadosa desses artigos é capaz de refutar com facilidade. Não foi para tornar-se especialista em Kant que o dramaturgo enfiou-se "até as orelhas" na terceira crítica, mas antes, como afirma a Körner, para que essa matéria, uma vez percorrida, se tornasse "em minhas mãos alguma coisa".[17] Esse propósito levou à formulação de conceitos e distinções acerca da tragédia e do sublime que não se encontram na obra de seu mestre, e que se constituem, malgrado a sua incontestável

---

[16] Como afirma Lesley Sharpe, "embora a abordagem de Schiller para a teoria da tragédia compartilhe muito da tradição da *Wirkungsästhetik* do século XVIII, tendo por foco primariamente o despertar de certas emoções, ele foi o primeiro de uma série de críticos a utilizar a nova filosofia crítica para encontrar novas maneiras de discutir problemas estéticos" (1991, p. 130).

[17] Schiller; Körner (1874, 15/10/1792, p. 471).

influência, como contribuições originais para o debate moderno sobre estética.

Nesse sentido, é preciso também abandonar a recorrente perspectiva que admite de modo absoluto e sem maiores qualificações a importância desse legado. Não há evidências de que Schiller já lera a terceira crítica quando preparava os cursos de verão de 1790, cujo resultado foram os dois primeiros artigos traduzidos neste volume, "Sobre o fundamento do deleite com objetos trágicos" e "Sobre a arte trágica".[18] Como sugere Frederick Beiser, esses textos parecem antes responder ao debate sobre a *Poética* e a recepção de Aristóteles, que remonta à tentativa de constituição de um teatro nacional alemão por Gottsched nos anos de 1730 e que se desdobrou, ao longo do século XVIII, em diversas polêmicas sobre a natureza da tragédia nos escritos de autores como Lessing, Winckelmann e Mendelssohn.[19] Uma vez que a correspondência com Körner atesta estudos sobre Kant em março de 1791, é provável que, até o final do ano, Schiller tenha incorporado ideias desse autor quando deu forma final aos artigos para publicação na *Neue Thalia*.[20]

---

[18] Quando Körner indica, face à menção ao curso sobre a tragédia, estar estudando a *Crítica da faculdade do juízo*, Schiller responde de modo apenas polido: "Boa sorte com as novas leituras kantianas. Aqui ouço elas serem elogiadas até cansar. Você leu as Cartas kantianas de Reinhold (a nova edição) e a Filosofia moral de Schmidt, o adjunto daqui? Diz-se que ela é insignie" (SCHILLER; KÖRNER, 1874, 18/06/1790, p. 373). Ao revelar, no início de 1791, ter começado ele mesmo a estudar essa obra, o tom da carta sugere que isso deveria causar surpresa ao amigo. Essas evidências parecem confirmar, portanto, que Schiller só começou a ler Kant com cuidado muito meses depois de ter preparado as preleções de verão de 1790, que deram origem a esses dois artigos. Sobre o tema, cf. a análise de Überweg (1884, p. 146-150).

[19] Cf. Beiser (2005, p. 240).

[20] O que é confirmado pela referência a "Sobre o fundamento..." na carta de 4/12/1791: "Agora trabalho [em] um ensaio que diz respeito ao deleite trágico. Você o encontrará na Thalia, e se aperceberá nele

Mas, como indica Überweg, essa apropriação se deu ainda de modo muito incipiente, pois os dois trabalhos "não se baseiam de modo essencial em princípios kantianos; antes foram adicionadas, aqui e ali, algumas sentenças kantianas a um complexo de pensamentos que subsiste independentemente delas, e certas suposições contradizem o kantismo".[21] Diversas evidências confirmam esse veredito. Por exemplo, Schiller refere-se aqui à clássica diferença entre faculdades sensíveis e racionais do ser humano, mas não a formula ainda, com faz Kant, a partir da noção de suprassensível. Exceto por algumas ocorrências singulares – "conformidade a fins" é uma delas –, não se nota igualmente de modo muito intenso a adoção de termos do sistema transcendental. Nem mesmo *Objekt* surge nesses escritos, que antes empregam exclusivamente a palavra *Gegenstand*, de cunho menos técnico, para referir-se a "objeto".

Encontramos uma situação bem diferente nos dois outros artigos que integram este volume. O estilo, mais analítico e menos poético, já denuncia que eles resultam de um aprofundamento nos estudos de Kant, os quais a correspondência com Körner documenta pelo menos até o final de 1792. O emprego de terminologia técnica do sistema transcendental é recorrente, e revela leituras não apenas da terceira crítica, mas até mesmo da *Crítica da razão pura*.[22] Do ponto de vista temático, é notável o deslocamento de interesse da tragédia para a categoria estética cuja manifestação é, na tradição moderna, primordialmente associada à arte dramática: o sublime. Arrolada como uma entre as demais artes comoventes em "Sobre o fundamento...", praticamente ignorada em "Sobre a arte trágica", ela ocupa o lugar central das análises propostas

---

de muita influência kantiana" (SCHILLER; KÖRNER, 1874, p. 433-434).

[21] Überweg (1884, p. 173). Cf. também p. 174. Para indicações introdutórias sobre os estudos kantianos de Schiller, cf. Wilm (1908).

[22] Cf. Überweg (1884, p. 157).

tanto em "Sobre o patético" quanto em "Observações dispersas sobre diversos objetos estéticos".

Entre os escritos sobre a tragédia, publicados no primeiro volume da *Neue Thalia*, e os dois restantes, publicados em sua maior parte no último, é possível acompanhar desse modo como a formação intelectual de Schiller vai se especializando cada vez mais naquilo que hoje denominamos estética em sentido pregnante. Talvez não seja excessivo descrever esse processo como um movimento que vai do esforço, especialmente alemão, para descrever os objetos trágicos até a tentativa de analisar filosoficamente os objetos estéticos de modo geral. De todo modo, esses dois conjuntos de preocupações nunca estão completamente fora de seu horizonte teórico, como revela uma análise mais detalhada dos artigos em questão.

★★★

"Sobre o fundamento do deleite com objetos trágicos", primeiro trabalho de Schiller publicado na *Neue Thalia* (v. 1, p. 92-125), toma por ponto de partida uma questão que se mostrará central para todo o conjunto de suas reflexões teóricas: as relações entre ética e estética. Segundo o pensador, o fim da arte é a produção do deleite, sendo essa a única atividade humana capaz de realizá-lo de modo imediato. Os prazeres do entendimento custam esforço, a aprovação da razão requer sacrifícios, o agrado dos sentidos exige moderação ou, quando isso não é possível, a expiação de excessos; somente a fruição estética cumpre incondicionalmente o propósito geral da natureza para o homem, que é "repartir o deleite e fazer feliz".

Muitos estetas modernos pretendem, todavia, subordinar esse ofício a considerações de ordem moral. Para eles, a arte deve intentar acima de tudo o aprimoramento da humanidade, para o qual é indigno algo "tão baixo" quanto a produção do prazer. O equívoco desse ponto de vista consiste em supor que o gozo estético corresponde ao mero agrado sensorial, de modo que tudo o que dele se poderia obter é o "parco mérito de divertir". O deleite que Schiller tem vista, entretanto, e que denomina "livre", mantém uma dupla relação com a eticidade: ele a promove e, simultaneamente, é dela dependente. Por isso, afirma o pensador, a arte "não tem um efeito ético apenas porque deleita por meios éticos, mas também porque o deleite mesmo que a arte proporciona se torna um meio para a eticidade".

Embora não sejam mencionados quaisquer autores em particular, essas considerações parecem ter por alvo o teatro clássico francês e sua insistência sobre a estrita observância das regras do decoro, tema que Schiller retomaria, de modo mais explícito, em "Sobre o patético".[23] Já em seu movimento inicial, portanto, o texto se coloca como uma contribuição para as polêmicas acerca da recepção da *Poética* que ocupavam as discussões sobre a tragédia na Alemanha ao longo de todo o século XVIII. Mais interessante, do ponto de vista teórico, é o modo como o autor pretende desautorizar a submissão da produção do deleite a um fim rigorosamente moral, a saber, propondo uma dupla implicação entre estética e ética onde "o efeito tem de tornar-se novamente causa".

A suposição de que a estética é ou deve ser conducente para a moralidade possui uma longa história na tradição ocidental, e encontra-se formalizada na célebre fórmula do Classicismo, *prodesse et delectare* [instruir e deleitar]. Ela tem o seu lugar também na *Crítica da faculdade do juízo,* a saber, nas expectativas de que essa obra pudesse contribuir para superar o "abismo" que separa os domínios das filosofias teórica e moral, a que Kant faz alusão na Seção II da Introdução em analogia com a disposição topológica da faculdade de julgar, que ocupa uma posição intermediária entre entendimento e razão.[24] Como revela a leitura dos parágrafos finais da

---

[23] Para uma abordagem detalhada da posição de Schiller em relação ao teatro clássico francês, cf. Titsworth (1912).

[24] Cf. Kant (AA 05: 175.36-176.15).

primeira parte de sua obra, o filósofo imaginava que o gosto tornaria possível

> uma passagem do atrativo sensível ao interesse moral habitual sem um salto muito violento, na medida em que apresenta a faculdade da imaginação determinável, também em sua liberdade, como conforme a fins para o entendimento, e nos ensina a encontrar um comprazimento livre até em objetos dos sentidos também sem atrativo sensível.[25]

A relação inversa, contudo, não se aplica integralmente ao pensamento kantiano: nem todo prazer estético "baseia-se completamente em condições morais". Essa afirmação seria verdadeira para o sublime, pois a manifestação dessa categoria estética requer o estabelecimento de uma certa disposição entre as faculdades da imaginação e da razão, precisamente a sede de nossa eticidade. Para o belo, entretanto, pressupõe-se apenas um acordo ou relação harmoniosa entre a primeira e o entendimento. Logo, embora isso seja factualmente impossível, poderíamos conceber sem contradição a experiência da beleza mesmo que o sujeito que a vivencia não fosse um agente moral.[26]

---

[25] Kant (AA 05: 354.25-30).

[26] Embora não possa explorar esse ponto em profundidade aqui, a postulação de uma espécie de beleza que depende essencialmente da moralidade representa uma das grandes direções em que o pensamento estético de Schiller se afasta do de Kant. Ela ganharia sua formulação mais rigorosa e bem-acabada na caracterização do conceito de "graça" exposto no artigo "Sobre graça e dignidade" (1793), que representa, precisamente, a beleza que se manifesta involuntariamente em nossos movimentos voluntários conforme nosso aprimoramento moral. Como afirma Sabine Roehr, "era um objetivo declarado de Schiller superar o dualismo kantiano de inclinação e dever. As pessoas que possuem graça, que realizam atos segundo o dever como se por instinto, cuja consciência se tornou uma segunda natureza, uma parte de sua natureza sensível, e que, por isso, não têm de reprimir seus sentimentos em nome da estrita lei moral, eram o seu ideal" (2003, p. 130).

Após essa breve indicação, Schiller considera a questão mais central de seu artigo, a saber, qual é o fundamento do deleite livre. Todo prazer, argumenta, assenta-se em uma relação de conformidade a fins, o que pode se dar de dois modos: seja sensível, e então o sentimento se segue imediatamente por uma necessidade física, como ocorre quando certos movimentos do corpo produzem uma sensação agradável; seja, por outro lado, mediatamente, quando ele resulta de algo que é representado pelas nossas faculdades do ânimo. É desse segundo caso, aquele pertinente à arte, que o texto se ocupará.

As representações capazes de produzir deleite livre deixam-se reduzir a seis classes, de acordo com as faculdades que atuam no processo de representação. Tratando-se do entendimento, temos o "verdadeiro" e o "perfeito", e o "belo" se houver também a participação da imaginação; caso, ao contrário, a capacidade do ânimo seja a razão, temos o "bom", ou então o "sublime" e o "comovente", quando for envolvida também a imaginação. Conforme o fim perseguido seja primordialmente a produção de um desses diferentes objetos, podemos ulteriormente dividir as artes, ainda que de modo imperfeito – "pois vários, mesmo quase todos os tipos de deleite podem confluir para a mesma" – em duas grandes classes: os três primeiros perfazem as "artes belas" ("do gosto" ou "do entendimento"), ao passo que os três últimos as "artes comoventes" ("do sentimento" ou "do coração").

A classificação introduzida em "Sobre o fundamento..." mostra o quanto o pensamento de Schiller ainda está, nesse momento, distante da doutrina kantiana. A associação das representações geradas pelas faculdades superiores sem a participação da imaginação – "bom", "verdadeiro" e "perfeito"

Outros indícios – por exemplo, a ideia de "inclinação moral", que surge a partir da indicação de que o homem virtuoso obtém prazer com o autossacrifício porque é naturalmente inclinado para o dever – sugerem que o autor já se debatia com essas questões em 1792, ao redigir "Sobre o fundamento...".

– à produção de um deleite livre contradiz diretamente as distinções que constituem o primeiro momento da "Analítica do belo". Por um lado, Kant estabelece já no §1 que o juízo de gosto não é um juízo de conhecimento, pois "abarcar um edifício regular e conforme a fins com sua capacidade de conhecimento (seja em um tipo de representação distinta ou confusa) é uma coisa completamente diferente de tornar-se consciente dessa representação com a sensação do comprazimento".[27] No primeiro caso, formulamos na realidade juízos teóricos, que são precisamente aqueles em que se erguem pretensões de verdade. Por outro lado, o "bom" está sempre ligado, como afirma o §4, ao conceito de algo que deve ser realizado, tomemos essa palavra em sentido relativo (como um meio para atingir certos fins) ou absoluto (como algo que é um fim em si mesmo).[28] O sentimento de prazer que está na base do ajuizamento estético, entretanto, não pressupõe qualquer conceito determinado de objeto, mostrando-se desse modo igualmente incompatível com a noção de perfeição.[29]

Como se vê, nenhum desses três termos poderia ser considerado um predicado estético à luz do que é dito na *Crítica da faculdade do juízo*, mesmo que possam conectar-se, em certos casos, à manifestação de prazer no sujeito.[30] As análises de Schiller restringem-se, de todo modo, aos três restantes, os quais designam representações que envolvem também a

---

[27] Kant (AA 05: 204.04-07).

[28] Cf. Kant (AA 05: 207.15-209.12).

[29] Como afirma Kant no §8, "primeiramente tem de se estar totalmente convencido: de que por meio do juízo de gosto (sobre o belo) postula-se o comprazimento com um objeto para *qualquer um*, sem entretanto fundar-se em um conceito (pois então isso seria o bom) [...]" (AA 05: 213.35-214.03). A noção de perfeição é discutida no §15, cujo título já indica a sua impertinência ao domínio da estética: "O juízo de gosto é totalmente independente do conceito de perfeição" (AA 05: 226.22-23).

[30] Schiller adotaria uma posição mais kantiana em "Observações dispersas sobre diversos objetos estéticos", como discutido mais adiante.

imaginação. De início, são discutidos aqueles que integram as artes do sentimento, ou seja, o sublime e o comovente. Ambos produzem o deleite livre por meio do desprazer, o que significa, de acordo com o quadro categorial esboçado no artigo, que "a conformidade a fins tem por fundamento uma contrariedade a fins".

O texto não estabelece com clareza, todavia, em que essas duas categorias estéticas se diferenciam de modo essencial. Segundo a definição apresentada no único parágrafo em que o tema é abordado, o sublime consiste "no sentimento de nossa impotência e limitação para abarcar um objeto, por outro lado, contudo, no sentimento de nossa supremacia, que não se assusta com quaisquer limites e que submete espiritualmente aquilo a que sucumbem nossas faculdades sensíveis". Essa passagem remete aos casos em que nos colocamos frente a objetos que ultrapassam a nossa capacidade de representação sensível. Porque falhamos na tentativa de apreendê-los, eles se mostram contrafinais para nossa sensibilidade, causando desprazer; mas revelam simultaneamente em nós uma outra faculdade que "supera aquela a que sucumbe a faculdade da imaginação", tornando-se, desse modo, para ela conformes a fins. Em "Sobre o fundamento...", o termo "sublime" parece, portanto, aplicar-se àquilo que é denominado "sublime matemático" na doutrina kantiana, ou seja, à manifestação da sublimidade ligada à ideia de infinitude.[31]

---

[31] No §24, Kant introduz o método que será empregado na analítica do sublime e indica que esta categoria estética se divide, na verdade, em duas. Como se pode depreender das observações desenvolvidas nos parágrafos seguintes, o sublime matemático se dá em presença de objetos que, sob certas condições, sugerem à imaginação uma ideia de infinitude. O fracasso na tentativa de sintetizar as intuições segundo uma regra dessa natureza desperta no sujeito um sentimento de desprazer, ao qual se segue entretanto o prazer de ver revelada a sua dimensão suprassensível. Tomamos, portanto, consciência de que somos entes morais não diretamente pelo viés da moralidade, mas antes graças ao fato de que a faculdade que legisla sobre o domínio

A leitura dos demais trechos que abordam as artes do sentimento, consagrados ao comovente, vai ao encontro de tal interpretação, pois essa categoria estética pressupõe uma relação mais estreita com a moralidade, como aquela que caracteriza, em Kant, o sublime dinâmico.[32] A comoção é apresentada, de modo preliminar, como "a sensação mista do sofrimento e do prazer com o sofrimento". Segundo essa formulação mais geral, a dor é sempre a expressão de uma contrariedade a fins natural, uma vez que o homem é destinado à felicidade. Mas ela se mostra também como conforme a fins para nossa "natureza racional em geral e, na medida em que nos intima à atividade, conforme a fins para a sociedade humana".

---

prático é aquela que nos permite pensar algo que não tem apresentação sensível.

O sublime dinâmico, por outro lado, tem lugar quando o sujeito imagina-se resistindo a uma força ilimitada que poderia aniquilá-lo, tal como a natureza em suas manifestações violentas. Isto não seria possível no plano da sensibilidade, pois o objeto com o qual nos defrontamos é, por definição, perfeitamente capaz de nos destruir. Logo, para ser concebível, ela tem de ser pensada em outra dimensão, a saber, no plano suprassensível. Como no caso anterior, essa situação nos faz perceber que possuímos um conjunto de capacidades que supera tudo que provém do mundo fenomenal; aqui, entretanto, ganhamos essa consciência diretamente pelo viés moral.

A associação entre o sublime e as noções de infinitude e terror é anterior à *Crítica da faculdade do juízo* e já pode ser encontrada em diversos outros autores que discutiram a questão ao longo do século XVIII, tais como Burke ou Addison. Embora Schiller pareça fazer uso dessas distinções em "Sobre o fundamento...", ainda não é adotada aqui uma formulação rigorosamente kantiana, pois a oposição entre conformidade e contrariedade a fins não é expressa em termos de faculdades sensíveis e suprassensíveis. Isso só terá lugar com a publicação de "Do sublime", em 1793 (cf. SCHILLER, 2011, p. 23-26).

[32] É importante ter em mente, contudo, que Schiller não estabelece essa distinção de modo integralmente consistente, pois emprega algumas vezes o termo "sublime" nos trechos de seu artigo que deveriam tratar exclusivamente das comoções.

Nesse sentido, o problema que Schiller pretende resolver é como determinar se, em uma representação comovente, é produzido mais prazer do que desprazer no sujeito. Isso só pode ter lugar, argumenta o pensador, se a quantidade de fins que ela contradiz é menor do que a quantidade daqueles aos quais ela é conforme, ou se os primeiros são inferiores aos segundos em termos de valor. Ora, a conformidade a fins moral é aquela que proporciona o deleite mais supremo; ela "é para nós a mais próxima, a mais importante e simultaneamente a mais reconhecível, pois não é determinada por nada de fora, mas antes por um princípio interno de nossa razão". Logo, é aquela à qual se deve visar quando almejamos um maior gozo estético na comoção.

Segue-se que, para esse tipo de representação, o poeta deve buscar a apresentação de um conflito entre nossa faculdade racional, determinada pela lei ética, e as demais forças naturais, "sensações, impulsos, afetos, paixões, bem como a necessidade física e o destino", no qual a primeira mantenha o predomínio. Assim, estariam presentes os dois elementos constituintes da comoção: uma contrariedade a fins natural, cuja expressão é a dor, que serve de fundamento para uma conformidade a fins moral, a qual gera, por sua vez, no espectador o maior deleite possível. A manifestação artística primordialmente responsável por cumprir essa tarefa é, segundo Schiller, a tragédia, cujo domínio "abarca todos os casos possíveis nos quais se sacrifica alguma conformidade a fins natural em nome de uma moral, ou ainda uma conformidade a fins moral em nome de outra mais alta".

Schiller ilustra sua doutrina da comoção através de uma série de exemplos, que ocupam, na verdade, uma parte significativa do texto. A situação que corresponde de modo mais ostensivo ao conflito entre natureza e moralidade é aquela em que personagens virtuosas sacrificam-se para afirmar compromissos éticos. É desse tipo o desfecho de Hüon e Amanda no *Oberon* de Wieland, onde os protagonistas escolhem a autoimolação para não traírem o seu amor; ou o de

Coriolano, na peça homônima de Shakespeare, o qual paga com a própria vida a decisão de poupar Roma, atendendo assim ao seu dever de cidadão.

Um caso menos evidente é aquele das tragédias que narram a vida de criminosos. Além da contrariedade a fins natural, comunicada pela representação do sofrimento de suas vítimas, há aqui também uma contrariedade a fins moral, pois a personagem comete transgressões contra a lei ética. Como é possível que elas causem prazer, e não desgosto no espectador?

Para solucionar essa dificuldade, Schiller recorre à noção de arrependimento: o sofrimento com a consciência da imperfeição moral é conforme a fins porque revela que mesmo o criminoso possui, como ser humano, a capacidade de ser determinado pela legislação ética. A autocondenação tem sua origem na desaprovação de uma ação porque ela contradiz um dever que não foi observado, e para que isso ocorra "a lei ética tem de ser a mais alta instância no ânimo de um tal ser humano; tem de ser para ele mais importante do que o próprio prêmio do crime, pois a consciência da lei ética ofendida torna amargo para ele o gozo desse prêmio". Para o pensador, tal situação proporciona um deleite ainda maior do que os sacrifícios voluntários de um virtuoso, pois a satisfação com a realização de atos justos poderia compensar de algum modo as suas perdas, "e o mérito ético de uma ação decresce tanto mais quanto têm participação nela o prazer e a inclinação".

"Sobre o fundamento..." aborda ainda um último caso de deleite com as comoções: aquele que é obtido quando um fim moral é lesado em nome de um outro que lhe é superior. Assim, por exemplo, agir contra o próprio filho é, em si mesmo, indignante, pois contradiz o dever paterno; isso se torna, entretanto, uma fonte de prazer se o delito é cometido em nome do dever de cidadão, e "o comandante a quem for deixada a escolha, seja de entregar a cidade, seja de ver seu filho preso trespassado frente a seus olhos, escolhe sem receio o segundo [...]". Pela mesma razão, o episódio, narrado em Plutarco, em que Timóleon faz assassinar o irmão Timófanes para proteger a república enche-nos inicialmente de aversão, mas ela logo "se dissolve no mais alto respeito pela virtude heroica que afirma os seus pronunciamentos contra qualquer influência estranha da inclinação [...]".

Para a fruição desse tipo de comoção exige-se, entretanto, um grau de aprimoramento ético superior, que permita ao sujeito avaliar corretamente a proporção entre os fins morais lesados e aqueles atingidos. Isso é incomum, pois para a maior parte das pessoas "é suficiente aprovar uma ação porque sua consonância com a lei ética é facilmente apreendida, e execrar uma outra porque seu conflito com essa lei salta aos olhos". Eis por que alguns dos maiores deleites que a tragédia pode proporcionar parecem a muitos apenas "excesso de tensão e insensatez".

Embora não utilize mais o termo "belo",[33] Schiller aborda nos últimos parágrafos de "Sobre o fundamento..." as representações que integram as artes do gosto e que envolvem a participação da imaginação e do entendimento. O tema é introduzido a partir da observação de que, na arte, admiramos as maquinações de vilões e sofremos quando seus planos são frustrados. Frente ao que foi discutido acerca da comoção, como isso seria possível, se eles contêm, por si mesmos, uma contrariedade a fins moral?

Para esclarecer esse paradoxo, é importante ter me mente que Schiller relaciona o entendimento, nesse artigo, à prudência, ou seja, à capacidade de agenciar recursos para atingir propósitos. O prazer que tem sua origem nessa faculdade corresponde, portanto, à percepção de uma conformidade a fins objetiva (ou ao menos análoga a ela) na representação.[34]

---

[33] Na *Neue Thalia*, o termo "belo" surgia no final do artigo, mas foi substituído nos *Escritos menores* por "inteligente" [*verständig*]. Cf nota 37, p. 37, no corpo da tradução.

[34] De modo semelhante ao que foi dito acerca da classificação dos tipos de deleite livre, a concepção de que o prazer da beleza tem sua origem na percepção de uma conformidade a fins objetiva pelo entendimento

Assim como admiramos a habilidade de alguns animais na produção de certos efeitos, que parecem ter sido o resultado da ação de um ente inteligente, obtemos deleite ao observar o caráter consequente das realizações humanas mesmo que elas não tenham qualquer ligação com a eticidade, e até se a contradizem, "enquanto não pensarmos em nada além da relação dos meios para seu fim". É desse modo que prendem o nosso interesse as intrigas de um Ricardo III ou de um Iago, malgrado o fato de que deveriam nos aviltar por sua imoralidade.

Por outro lado, há casos em que a conformidade a fins do entendimento é empregada precisamente para reforçar a percepção da conformidade a fins moral − quando, por exemplo, todos os esforços de um criminoso para atingir sua vítima, cuja engenhosidade admiramos, são humilhados frente à lei ética. Nesse sentido, Schiller menciona o romance epistolar *Clarissa*, de Samuel Richardson, onde a protagonista, mesmo exposta às piores provações, permanece irredutível às intenções matrimoniais do vilão, Robert Lovelace. É, possivelmente, um equilíbrio dessa natureza entre a satisfação das duas espécies de conformidade que o autor tem em

---

vai de encontro à doutrina estética kantiana, que pressupõe nesse caso, antes, a apreensão de uma "finalidade sem forma" na natureza, portanto meramente subjetiva. Por isso o filósofo afirma, na Seção VIII da introdução à *Crítica da faculdade do juízo*: "Em um objeto dado na experiência, a conformidade a fins pode ser representada: seja a partir de um fundamento meramente subjetivo, como acordo de sua forma com as capacidades de conhecimento antes de todo conceito [...]; seja a partir de um [fundamento] objetivo, como acordo de sua forma com a possibilidade da própria coisa segundo um conceito dela que a precede e que contém o fundamento dessa forma. Vimos que a representação da conformidade a fins do primeiro tipo assenta sobre o prazer imediato com a forma do objeto na mera reflexão sobre ela; e que a [representação] da conformidade a fins do segundo tipo [...] não tem nada a ver com um sentimento de prazer com as coisas, mas antes com o entendimento no ajuizamento delas" (KANT, AA 05: 192.16-31).

vista ao recomendar aos tragediógrafos, à guisa de conclusão, "deleitar o conhecedor sempre de modo duplo, por meio da conformidade a fins moral e por meio da conformidade a fins natural", pois "por meio da primeira ele satisfará o coração, por meio da segunda o entendimento".

★★★

Ao nomear a tragédia como o gênero poético que primordialmente proporciona o deleite por meio do sofrimento, Schiller sugere que talvez fosse possível determinar *a priori* as diferentes proporções entre prazer e dor segundo o princípio da conformidade a fins, e "deduzir, justamente desse princípio, ordenamentos determinados da tragédia, e esgotar *a priori* todas as suas possíveis classes em um quadro completo [...]". Se esses não são, propriamente, os resultados obtidos em "Sobre a arte trágica", o artigo, publicado também no primeiro volume da *Neue Thalia* (p. 176-228), tem por tema principal esse gênero poético, suas regras e fundamentos, e pode ser considerado, nesse sentido, o complemento mais natural de "Sobre o fundamento...".

Isso se torna evidente quando consideramos que Schiller aborda aqui exclusivamente as representações do tipo comovente, que são aquelas que qualificavam mais propriamente a tragédia no artigo anterior. O problema inicial do texto é compreender de modo mais pormenorizado como se explica o prazer que obtemos com o sofrimento, do qual a experiência comum dá frequente testemunho, complementando as análises que envolvem a noção de conformidade a fins. Central para esse intuito é a distinção entre afeto originário, aquele que o sujeito vivencia diretamente por si mesmo, e afeto compartilhado ou solidário, que observa manifestando-se nos outros.

Inicialmente, o texto sugere que apenas os afetos do segundo tipo podem ser acompanhados de deleite, pois "a relação próxima que o [afeto] originário tem com nosso impulso para o contentamento habitualmente nos ocupa e possui demais, sem deixar espaço para o prazer que o afeto, livre de qualquer relação egoísta, proporciona por si mesmo". Essa afirmação faz eco a considerações já relativamente consagradas no debate moderno sobre o sublime: diversos autores do período afirmam que, se um objeto que nos ameaça deve provocar uma sensação de prazer, além de desprazer, devemos nos encontrar em uma posição de segurança em relação a ele. Kant, por exemplo, afirma no §29 da terceira crítica: "aquele que teme não pode absolutamente julgar sobre o sublime da natureza [...]; e é impossível encontrar comprazimento em um terror tomado com seriedade".[35]

Mas o texto logo introduz uma concessão que pode ser considerada original no que diz respeito a essa mesma tradição: em certas situações podemos sentir deleite até com afetos dolorosos originários, caso contrário não seria compreensível o atrativo dos jogos de azar nem das demais situações onde nos colocamos deliberadamente em risco. Schiller justifica essa possibilidade fazendo notar que prazer e desprazer são resultado de uma relação positiva ou negativa de seu objeto com nossa faculdade sensível ou ética. Tal relação é, entretanto, determinada de modo desigual em cada um desses dois casos, pois "naquilo que é moral não tem lugar qualquer escolha para nós, estando o impulso sensível, em contrapartida, submetido à legislação da razão e, portanto, em nosso poder [...]".

O que o pensador tem em mente é que os afetos que exprimem uma relação com nossa eticidade são determinados para nós de modo necessário e incondicional, ao passo que aqueles que dizem respeito à sensibilidade – e que são denominados "impulsos egoístas" – podem ser matizados ou mesmo superados "na mesma medida em que o sentido moral mantiver a predominância sobre o impulso de contentamento em um ser humano, e em que a afeição egoísta pelo seu eu in-

---

[35] Kant (AA 05: 261.03-07).

dividual for reduzida por meio da obediência às leis universais da razão". Por meio do aprimoramento moral, pelo cultivo de uma filosofia da vida que remeta constantemente nossa pequena individualidade ao grande todo, somos capazes de sobrepujar os afetos sensíveis e "sentir o próprio sofrimento no ameno reflexo da solidariedade".

Como se observa em seguida, essa situação excepcional ilustra, na verdade, o caso geral do prazer que obtemos a partir do sofrimento, mesmo aquele referente aos afetos compartilhados. Segundo Schiller, só há duas fontes do deleite, "a satisfação do impulso de contentamento e o cumprimento de leis morais" – ou seja, uma relação positiva do objeto seja com nossas faculdades sensíveis, seja racionais. Se ele não se origina na primeira, só pode tomar da segunda o seu fundamento, e "é de nossa natureza moral que brota, assim, o prazer por meio do qual nos encantam os afetos dolorosos quando os compartilhamos, e que nos comovem, de modo agradável, em certos casos até mesmo quando originariamente sentidos".

Após discutir brevemente explicações alternativas para o prazer com o sofrimento, Schiller retoma as conclusões de seu texto anterior, insistindo que o maior deleite que as comoções podem proporcionar é aquele em que a nossa faculdade autônoma, sede de nossa eticidade, afirma a sua independência frente a impulsos sensíveis. Seu argumento aqui é, entretanto, mais detalhado, e envolve a noção de atividade. Segundo o pensador, aquilo que responde, em geral, pelas sensações agradáveis que vivenciamos é a intimação ao movimento do ânimo. Mas é também a atuação livre da razão, "como absoluta atividade autônoma, [que] merece primordialmente o nome de atividade". Logo, as representações que se mostram mais deleitosas para nós são precisamente aquelas por meio das quais esse conjunto de capacidades é conclamado a agir.

Assim, é porque "desperta essa atividade mais alta" que a representação da razão em conflito com a sensibilidade pode ser considerada conforme a fins para um ser racional, como fora afirmado em "Sobre o fundamento...". Isso é obtido primordialmente por meio dos afetos "tristes", ou seja, daqueles em que há um desprazer de origem sensível, e o prazer com eles "tem de superar o prazer com afetos alegres justamente no mesmo grau em que a faculdade ética em nós eleva-se acima da sensível".

Com esse retorno aos resultados de sua investigação precedente, encerra-se o conteúdo propriamente filosófico-estético de "Sobre a arte trágica". O restante do texto é consagrado a considerações de ordem mais poetológica, anunciadas pela referência à célebre fórmula "a arte imita a natureza", recorrente na recepção moderna de Aristóteles. Para "prescrever à arte trágica o seu procedimento em geral", Schiller divide suas observações ulteriores em duas grandes partes: em primeiro lugar, trata-se de enunciar as condições que podem obstar a produção da comoção trágica; e, em segundo, determinar os fundamentos e princípios gerais da tragédia.

A experiência ensina, argumenta o pensador, que duas situações opostas podem prejudicar o deleite com a comoção: ou bem a compaixão é incitada de modo muito fraco, ou muito forte, a ponto de o afeto compartilhado tornar-se tão intenso quanto um originário. O primeiro caso se desdobra, na verdade, em dois. Ou bem a impressão do sofrimento é tão tênue que "nosso coração permanece frio"; ou então representações adversas se manifestam "e, por meio de sua preponderância no ânimo, enfraquecem o deleite da compaixão, ou o sufocam totalmente".

As análises de Schiller têm início, precisamente, com a descrição de tais representações adversas. Elas consistem, de modo geral, em um desprazer que é atribuído àquilo que causa o sofrimento que devemos compadecer. Assim, prejudica a fruição estética se a dor é resultado de falta de sagacidade, como é o caso, por exemplo, da inabilidade com que Lear divide seu reino entre as três filhas na peça de Shakespeare, ou do roubo da imagem de Cristo no drama *Olindo e Sofrônia*, de Cronegk. É igualmente inadequado o padecimento que resulta do excesso de maldade de um vilão. Nesse sentido, são mencionados, entre outros, Iago e Lady Macbeth, além de Franz Moor, curiosamente um dos dois irmãos da primeira peça do próprio Schiller, *Os salteadores*.

Como se pode observar, esses dois conjuntos de exemplos exibem uma contrariedade a fins que se sobrepõe à conformidade a fins que a compaixão deveria suscitar. No primeiro caso, a inépcia na deliberação contradiz a capacidade racional de um ser humano de escolher os meios para atingir certos propósitos; no segundo, as ações imorais do vilão mostram-se contrafinais em relação à nossa eticidade. Por isso Schiller recomenda, para uma fruição estética mais pura, que a dor seja causada por uma necessidade natural, pois assim ela "não se vê enfraquecida por nenhuma representação de contrariedade a fins moral". Ou, o que seria ainda melhor, que sejamos capazes de nos solidarizar tanto com as vítimas quanto com o algoz – como se dá na *Ifigênia em Táuris* de Goethe, onde o rei táurida "nunca perde nosso respeito, e por fim ainda nos compele ao amor".

Mas as situações em que o sofrimento é provocado por fundamentos naturais ainda não são ideais, pois nelas "não se pode poupar o espectador compadecente do desagradável sentimento de uma contrariedade a fins na natureza, que, nesse caso, só a conformidade a fins moral pode salvar". Ainda superiores são aquelas em que a infelicidade é gerada por uma contraposição entre vítima e algoz onde ambos não apenas não ferem qualquer dever, mas antes causam dor um ao outro por motivações morais. O exemplo supremo desse caso é o *Cid* de Corneille, "indiscutivelmente a obra-prima do palco trágico no que diz respeito ao enredamento", onde os dois amantes, Rodrigo e Ximenes, se tornam adversários contra a sua própria inclinação, para atender a imperativos éticos.

O emprego de fundamentos naturais ou morais para a produção do sofrimento é uma diferença essencial que, segundo Schiller, justifica a superioridade dos tragediógrafos modernos em relação aos antigos. Nas peças gregas "se apela, por fim, à necessidade, permanecendo assim sempre um nó por dissolver para a nossa razão que exige razão". Esse nó só pôde ser desfeito pela arte moderna, "que goza da vantagem de receber material mais puro de uma filosofia depurada". Logo, se é correto afirmar, como discutido mais acima, que a produção schilleriana só atingirá a plena articulação desses temas a partir dos artigos do *Die Horen* – por exemplo, "Sobre poesia ingênua e sentimental" –, essa passagem deixa claro que eles nunca estiveram totalmente ausentes de suas investigações estéticas.

Schiller conclui a parte de seu texto que trata dos empecilhos à fruição da compaixão mencionando o caso em que o desprazer é tão forte a ponto de tornar a vivência do afeto compartilhado próxima à do afeto originário. A atividade da sensibilidade torna-se, então, preponderante no ânimo, limitando a eticidade, e não conseguimos mais diferenciar "nosso próprio Eu do sujeito que sofre, ou a verdade da poesia". A abordagem de tais situações é, entretanto, sumária, não sendo sequer apresentados exemplos.

O último grande trecho de "Sobre a arte trágica" é uma tentativa de descrever de modo detalhado os fundamentos da tragédia. Essas são as passagens do artigo que mais diretamente remetem à *Poética*, embora não haja consenso entre os comentadores sobre o conhecimento que Schiller já possuía de Aristóteles ao redigi-lo. A posição sobre o tema que me parece mais convincente é aquela defendida por Friedrich Überweg. O intérprete analisa cuidadosamente as duas obras e conclui que as referências do pensador ao tratado do estagirita não eram provenientes de estudos do texto grego, que só seriam empreendidos na segunda metade da década, mas antes de seu contato com o pensamento de Lessing.[36]

---

[36] Cf. Überweg (1884, p. 168-172). Karl Hoffmeister (1869, v. 2, p. 158) assume que "como preparação para aquelas preleções sobre a tragédia ele lia a *Poética* de Aristóteles"; Calvin Thomas (1901, p. 268), precisamente o contrário. Fazendo notar que as evidências factuais

Direta ou indiretamente, a influência da *Poética* se manifesta, todavia, em diversas passagens específicas, assim como, de modo geral, no esforço sistemático para a apreensão dos princípios da arte trágica em todos os seus diversos aspectos. Eles se deixam organizar em quatro grandes grupos. Em primeiro lugar, para que a compaixão seja possível, a representação da dor deve ser *vivaz*, o que significa que as ações devem ser presentificadas sensivelmente frente a nós, e não meramente narradas. Em segundo lugar, ela deve ser também *verdadeira*, pois a possibilidade de vivenciar o sofrimento alheio exige que nos coloquemos no lugar do outro, e "todas as condições internas para ele têm de estar dadas em nós mesmos, de modo que a causa externa cuja unificação com elas deu surgimento ao afeto possa exprimir igual efeito em nós".

Colocar-se no lugar do outro requer, por sua vez, a apreensão de uma representação "que descobrimos estar de acordo com nossa forma de pensar e sentir, que detém já certo parentesco com nossa própria série de pensamentos, que é apreendida com facilidade por nosso ânimo". Nesse sentido, Schiller estabelece uma qualificação ulterior. Em certos casos, o que julgamos semelhante a nós é algo que nos diz respeito apenas enquanto indivíduos de uma certa classe, e então temos verdade *subjetiva*. É preciso possuir uma mentalidade romana, argumenta o autor, para reconhecer-se na atitude de Catão, o Jovem, que se suicidou para não continuar vivendo, como republicano, sob a liderança de César. Por outro lado, quando as condições para que a representação nos pareça familiar são aquelas universais, partilhadas com toda a humanidade e que repousam, em última análise, em

---

acerca do momento em que Schiller começou a estudar a *Poética* são inconclusivas, Frederick Beiser sugere que (2005, nota 28, p. 251) "pode muito bem ser que Schiller o tenha lido no início dos anos de 1790 mas só o tenha estudado cuidadosamente no final, ou que ele o tenha conhecido primeiro completamente a partir de fontes secundárias, e só posteriormente o tenha estudado diretamente". Lesley Sharpe (1991, p. 126) compartilha a posição de Überweg.

nossa natureza moral, temos verdade *objetiva*. Assim, "precisamos ser apenas seres humanos em geral" para que nos comova o sacrifício de Leônidas nas Termópilas.

Em terceiro lugar, para ser vivaz e verdadeira, a narrativa trágica deve ser também *completa*, isto é, deve apresentar todas as circunstâncias e condições, externas e internas, que levaram a personagem à situação de sofrimento que devemos compartilhar, "pois somente a semelhança das circunstâncias – as quais temos de discernir perfeitamente – pode justificar nosso juízo acerca da semelhança das sensações [...]". Para isso, é necessário que os acontecimentos que envolvem os agentes sejam articulados causalmente por necessidade, perfazendo "em sua concatenação um todo para o nosso conhecimento". Em quarto lugar, por fim, a tragédia deve exercer um efeito *contínuo* sobre o espectador, pois a sensação de desprazer do afeto compartilhado "é um estado de coação para nós, do qual corremos a nos libertar, e muito facilmente desaparece a ilusão tão indispensável para a compaixão". Schiller recomenda, nesse sentido, uma interrupção periódica das representações dolorosas, de modo que elas não esgotem o ânimo nem, por outro lado, percam a sua força, "pois é justamente em sua luta com o sofrimento da sensibilidade que reside o alto gozo que nos proporcionam as comoções tristes".

Nos últimos parágrafos de "Sobre a arte trágica", esses quatro diferentes aspectos discutidos até aqui são articulados em uma fórmula final, que sumariza os cinco princípios fundamentais da tragédia: ela é "a imitação poética de uma série concatenada de eventos (de uma ação completa) que nos mostra seres humanos em um estado de sofrimento e que tem por propósito incitar a nossa compaixão". A tragédia *imita* em vez de narrar ou descrever (o que responde pela sua vivacidade); ela imita *ações*, isso é, eventos, e não apenas sensações e afetos, como faz a lírica (o que permite que ela apareça para nós como verdadeira); e imita *ações completas*, ou seja, "vários eventos, fundados uns nos outros como causa e efeito".

O quarto princípio enunciado por Schiller é o de que a tragédia é uma imitação *poética*, e não histórica, e ele não corresponde diretamente a nenhum dos quatro aspectos apresentados anteriormente. O poeta não tem, ao contrário do historiador, o dever de representar os eventos tal como eles efetivamente ocorreram, mas antes "o poder, mesmo a obrigação, de subordinar a verdade histórica às leis da arte poética". Seu compromisso é antes com a "verdade poética", isso é, com aquela que se depreende da conexão causal dos eventos e que é capaz de despertar comoção. Por isso, "a mais conscienciosa observância da verdade histórica nunca pode absolvê-lo de seu dever de poeta, nunca pode servir como desculpa para uma transgressão da verdade poética, para uma falta de interesse".

Por fim, a tragédia é imitação poética de uma ação que mostra o ser humano em estado de sofrimento. Os entes que sofrem têm de ser, portanto, seres "sensivelmente morais" tais como nós, que possuam razão e sensibilidade. Não são adequados à representação trágica nem, por um lado, serem integralmente desprovidos de eticidade, tais como demônios malignos ou vilões excessivamente malvados; nem, por outro, seres completamente "libertados da coação da sensibilidade, como pensamos [serem] as inteligências puras, e seres humanos que se subtraíram a essa coação em grau mais alto do que permite a fraqueza humana", os quais seriam incapazes de vivenciar a dor. Por isso, o bom tragediógrafo deve privilegiar "caracteres mistos", situando seus heróis a meio caminho "entre o totalmente execrável e o perfeito".

Schiller conclui o seu artigo insistindo sobre a importância desses cinco princípios, cuja unificação consiste na forma peculiar da tragédia, designada aqui simplesmente pelo termo "imitação". O produto mais perfeito da arte trágica será aquele que empregá-la de mais adequado para atingir o seu fim, que é a "comoção". Muitas peças, embora de grande qualidade poética, não logram obter o maior efeito dramático porque negligenciam um desses dois aspectos: ou bem "não buscam atingir o fim da tragédia pelo melhor uso da forma trágica", ou então "atingem, pela forma trágica, um outro fim que não o da tragédia".

★★★

O terceiro artigo que integra este livro foi originalmente publicado em 1793, no terceiro e quarto volumes da *Neue Thalia*, como parte integrante de um outro, denominado "Do sublime (para uma exposição ulterior de algumas ideias kantianas)". No início da década seguinte, ao organizar a sua produção com vistas à edição dos *Escritos menores em prosa*, Schiller decidiu deixar de lado a parte inicial do trabalho, fazendo incluir em seu lugar um novo estudo denominado "Sobre o sublime". A parte final, entretanto, foi preservada com um outro título, "Sobre o patético".[37]

A influência dos estudos schillerianos sobre Kant, ainda tímida nos dois artigos anteriores, mostra-se com muito mais clareza nesse trabalho. O início do texto retorna a um dos pontos centrais de "Sobre a arte trágica", reformulando-o de acordo com o quadro categorial da terceira crítica. A tragédia exibe um conflito entre nossas faculdades racionais e sensíveis onde as primeiras se sobrepõem às segundas, consistindo, nesse modo, em uma "apresentação do suprassensível [...] que sensifica para nós a independência moral em relação às leis naturais no estado do afeto". Em conformidade com seu caráter mais filosófico, "Sobre o

---

[37] Costuma-se designar, desse modo, por "Do sublime" as 47 páginas suprimidas por Schiller nos *Escritos menores*, e por "Sobre o patético" as 50 páginas preservadas (28 do terceiro e 22 do quarto volumes da *Neue Thalia*). "Do sublime" foi publicado, juntamente com "Sobre o sublime", em tradução para o português realizada por mim e Pedro Süssekind. Para mais detalhes sobre as circunstâncias que levaram à redação desses trabalhos, ver meu artigo que integra aquele volume (VIEIRA, 2011b).

patético" reduz igualmente os cinco princípios enunciados no ano anterior a dois: a primeira lei da arte trágica é "a apresentação da natureza que sofre", fórmula que na verdade fora introduzida no final das páginas suprimidas nos *Escritos menores*; e a segunda é "a apresentação da resistência moral ao sofrimento".

Isso não significa, por outro lado, que Schiller tenha abandonado integralmente as suas preocupações poetológicas. Pois ao discutir a exigência primeira que se faz ao tragediógrafo, que é a produção do *pathos*, o pensador retoma as críticas que dirigira, ainda de modo discreto, ao teatro francês em "Sobre o fundamento...": os reis e princesas de um Corneille ou Voltaire "nunca se esquecem de seu *nível*", e desse modo nunca nos permitem sentir plenamente o seu sofrimento. Isso ocorre pela insistência com que são cultivadas, naquela nação, as leis do decoro no teatro. Sacrificar a expressão da dor a considerações pertinentes a costumes sociais torna esses heróis antinaturais, pois "somente quando, *em primeiro lugar*, foi dado à NATUREZA o seu *direito*, e quando, *em segundo lugar*, a RAZÃO tiver afirmado o seu, é permitido ao DECORO fazer ao ser humano a *terceira* exigência, injungindo-lhe a consideração em relação à sociedade [...]".

Tendo em vista os comentários no artigo precedente, é curioso que Schiller contraponha à artificialidade do teatro francês precisamente a poesia dos antigos. Os gregos, argumenta, nunca deixam de mostrar a dor em nome das regras do decoro. Assim como o escultor representa o ser humano livre das vestimentas, que são para ele algo contingente, "o poeta grego desobriga seus seres humanos da coação igualmente inútil e igualmente impediente da conveniência, e de todas as gélidas leis do decoro [...]". Ele dá livre expressão à nossa natureza humana, que é, como visto, sensível-racional; seus heróis sofrem tanto "quanto qualquer um, e é justamente isso que faz deles heróis – o fato de que sentem o sofrimento forte e intimamente e, contudo, não são por isso sobrepujados". Isso é demonstrado pelo fato de que até mesmo os deuses, em certas passagens da *Ilíada*, "têm de pagar um tributo à natureza", como no Canto V, em que Marte e Vênus são feridos por Diomedes.[38]

Mas a representação do sofrimento não é, por si mesma, suficiente para a produção do *pathos*. Ela só se torna estética na medida em que nos faz conscientes de nossa natureza suprassensível, pois "nada que diz respeito meramente à natureza sensível é digno de apresentação". Estão desse modo

---

[38] O modo como o teatro grego é abordado em "Sobre o patético" – ao contrário do que se dá em "Sobre a arte trágica", cuja única referência nesse sentido aparece antes sob a forma de uma censura – remete a distinções que só ganhariam plena expressão nos artigos publicados em *Die Horen*. Nos textos desse período, Schiller frequentemente contrapõe antigos e modernos em termos de naturalidade e artificialidade. Assim, a sexta das cartas de *Sobre a educação estética do homem* sugere que "os gregos não nos envergonham apenas por uma simplicidade que é estranha à nossa época; eles são também nossos rivais, frequentemente nosso padrão naquelas vantagens com as quais costumamos nos consolar acerca da *antinaturalidade* de nossos costumes" (1962b, p. 582, grifo meu); isso ocorreu porque "aquela natureza polipoide dos estados gregos, onde o indivíduo gozava de uma vida independente e podia tornar-se o todo quando necessário, deu lugar agora a um mecanismo [*Uhrwerk*] *artificioso* onde se forma no todo uma vida mecânica a partir da agregação de partes infinitamente muitas, mas sem vida" (1962b, p. 584, grifo meu). Essa distinção aparece com clareza ainda maior em "Sobre poesia ingênua e sentimental", onde o autor se pergunta por que os modernos têm tanto apreço pela natureza se foram nisso em tudo superados pelos antigos. A razão é que, "em nós, a natureza desapareceu da humanidade, e só a reencontramos fora dela, no mundo inanimado [...]" (1962c, p. 710); como o grego "não havia perdido a natureza na humanidade, não podia ficar surpreso com ela fora da humanidade, nem ter uma carência tão premente de objetos nos quais a reencontrava. Unido consigo mesmo, e feliz no sentimento de sua humanidade, tinha de deter-se nela como seu máximo, e esforçar-se para dela tudo mais aproximar; ao passo que *nós*, desunidos conosco mesmos, e infelizes com nossas experiências da humanidade, não temos nenhum interesse mais premente do que dela fugir, tirando de nossos olhos uma forma tão malsucedida" (1962c, p. 711). Sobre a relação de Schiller com a Antiguidade Clássica, cf. Pugh (2005).

excluídos da tragédia tanto os afetos *lânguidos*, que meramente adulam a sensibilidade, quanto aqueles que, por seu excesso de intensidade, a atormentam.[39] Como insiste Schiller, "o patético só é estético na medida em que é sublime".

O problema que se coloca, então, é o seguinte. Nossa faculdade suprassensível só pode dar-se a conhecer em conflito com a sensibilidade. Mas, para isso, não é suficiente que seja representada uma resistência à mera causa do sofrimento. Como qualquer animal, o ser humano procura esquivar-se da dor. Isso tem lugar, entretanto, de modo meramente instintivo, e "não é ainda um *actus* de sua humanidade, não o torna ainda reconhecível como inteligência".

O que torna presente o suprassensível em nós é antes a resistência ao próprio sofrimento. Mas isso só pode ocorrer na medida em que nos servimos de algo que não é sensível para esse fim. Embora, por definição, ideias da razão se encontrem além de qualquer apresentação direta na sensibilidade, tal pode ser realizado de modo indireto, "quando se dá algo na intuição para o qual procuramos em vão as condições na *natureza*".[40] São tais situações que o poeta deve buscar para a produção do *pathos* trágico.

Segundo Schiller, há dois tipos de fenômenos que se manifestam no ser humano. Alguns são determinados integralmente

---

[39] Como indica Schiller, os conceitos de "nobre" e "baixo" designam, de um modo geral, "uma relação com a participação ou não participação da natureza suprassensível do ser humano em uma ação ou em uma obra". Apenas afetos "nobres" são, desse modo, dignos de representação na tragédia, pois "o sofrimento mesmo nunca pode ser o *fim último* da apresentação, nunca a fonte *imediata* do deleite que sentimos com o trágico". Nota-se, desse modo, uma revisão ulterior da posição exposta em "Sobre a arte trágica", onde o autor sustentara que "o estado do afeto por si mesmo, independente de toda relação de seu objeto com nosso melhoramento ou pejoração, possui algo deleitoso para nós".

[40] Schiller havia estabelecido esse ponto já no artigo "Do sublime", por meio da distinção entre resistência física e resistência moral. Cf. Schiller (2011, p. 29-30).

pela natureza, tais como os processos que respondem por algumas funções vitais e pela respiração; outros são ou deveriam ser controlados pela própria pessoa – por exemplo, os movimentos voluntários do corpo e a fala. As situações que representam afetos dolorosos pressupõem um conflito entre essas duas legislações, pois o instinto tende a estender a sua influência sobre aquilo que é pertinente à vontade. Assim, "o braço está com efeito sob o domínio da vontade; porém, quando agarramos algo quente sem saber, a retirada da mão não é, certamente, uma ação volitiva [...]".

Mas se desejamos que nossa faculdade suprassensível seja representada por meio do conflito com a sensibilidade, é necessário, precisamente, que a vontade mantenha o seu domínio mesmo sob forte coação dos instintos. Caso contrário, "nada mais é dado que pudesse lembrar a *pessoa*, tratando-se então de um mero ser natural, portanto de um animal, o que temos diante de nós". Assim, para a produção do *pathos* trágico são necessários dois elementos: em primeiro lugar, a apresentação da dor em todas as partes do nosso corpo que dependem por necessidade da natureza; em segundo lugar, a inexistência de quaisquer vestígios de sofrimento naquelas que nós mesmos deveríamos ser capazes de determinar. Essa desarmonia revelaria "a presença de um *princípio suprassensível* no ser humano, que pode colocar um limite aos efeitos da natureza e que se torna reconhecível, justamente por isso, como algo que dela se diferencia".

Essa descrição segue de modo muito próximo aquela que Schiller empregara na apresentação da categoria da dignidade em "Sobre graça e dignidade", publicado no terceiro volume da *Neue Thalia*. Ali, o pensador argumentara, inicialmente, que os seres humanos podem portar-se de modo gracioso porque seu aprimoramento moral determina, de modo involuntário, algo em seus movimentos voluntários. Quanto mais houver harmonia entre razão e sensibilidade, quanto mais formos naturalmente inclinados para o dever, mais seremos capazes de nos mover com beleza.

Há, contudo, casos em que as legislações dessas duas faculdades se contrapõem, ou seja, quando as inclinações reclamam de nós uma conduta moralmente condenável. Devemos então necessariamente seguir a lei moral, fazendo violência ao que pede a natureza – o que significa comprovar, então, a nossa dignidade. Podemos fazê-lo, sugere Schiller, na medida em que mantemos sob nosso controle movimentos que a natureza pretende determinar involuntariamente, tais como a contrição facial que deveria acompanhar a dor física. Assim, "a graça reside na *liberdade dos movimentos voluntários*; a dignidade, no *controle dos involuntários*".[41]

Em "Sobre o patético", Schiller ilustra essa desarmonia por meio de uma longa passagem da *História da arte* de Winckelmann que analisa o *Grupo do Laocoonte*, exposto no Museu do Vaticano. O notável conjunto arquitetônico exibiria o *pathos* trágico precisamente porque, malgrado todo o sofrimento físico e moral a que é exposto o pai, enredado pelas serpentes junto com os filhos, suas feições não traem o desespero de alguém que se entregou incondicionalmente à necessidade natural. Segundo Winckelmann, manifesta-se antes ali a resistência à dor, pois enquanto ela "impulsiona as sobrancelhas para o alto, a renitência à dor pressiona para baixo a carne acima dos olhos contra a pálpebra superior, de modo que ela é quase totalmente encoberta por [essa] carne que ultrapassa".

Após essa breve referência ao comentário de Winckelmann, Schiller analisa de modo mais detalhado a narrativa de Virgílio acerca do sacerdote troiano. Apesar de conhecer o trabalho de Lessing sobre o assunto, o pensador tinha também familiaridade com o texto latino, pois traduzira para o alemão o segundo e quarto livros da *Eneida* em 1791.[42] Seu propósito, nesse caso, não é tanto interpretar o Laocoonte a partir do

---

[41] Schiller (1962a, p. 477).

[42] Cf. Thomas (1901, p. 215). Schiller menciona o projeto de tradução a Körner em carta de 24/10/1791 (SCHILLER; KÖRNER, 1874, p. 427). As traduções foram publicadas no primeiro volume da *Neue*

conflito entre razão e sensibilidade quanto expor um ponto de sua doutrina que fora estabelecido ainda nas páginas da *Neue Thalia* posteriormente suprimidas.

Ali, Schiller diferenciara dois tipos de sublime: aquele em que é apresentado apenas um objeto temível, cabendo ao espectador utilizar a sua imaginação para obter a representação de sua ação sobre o ser humano; e aquele em que "além do objeto como poder é representada objetivamente para o homem também a sua temibilidade, [...] o próprio sofrimento, e nada resta para o sujeito senão fazer aplicação disso para o seu estado moral e gerar o sublime a partir do temível".[43] O primeiro caso é denominado "sublime contemplativo", e é aquele de que trata a maior parte do texto que não foi incluído nos *Escritos menores*. O segundo chama-se, por seu turno, "sublime patético", e sua abordagem corresponde, em termos gerais, à parte que foi aproveitada em "Sobre o patético".

A leitura sequencial de trechos da *Eneida* mostra como o emprego do sublime nesse poema passa do sublime contemplativo ao patético. Nos versos iniciais (v. 203-211), ainda não é narrado o sofrimento de Laocoonte, mas apenas o objeto temível que o ameaça; "o poeta não nos deu nada além de um objeto que, armado com um forte poder, esforça-se por exprimi-lo. Se *trememos* frente a ele, isso só ocorre porque *pensamos* em nós mesmos ou em uma criatura semelhante em luta com ele". A partir do v. 212, contudo, já é representada a`ação das serpentes que disparam em direção ao sacerdote, e então "nosso temor não possui, como no momento precedente, um fundamento meramente subjetivo em nosso ânimo, mas antes um fundamento objetivo no objeto".

É nesse momento que, em entes sensíveis-racionais como nós, produz-se o *pathos* trágico, na medida em que

---

Thalia, o mesmo que continha "Sobre o fundamento..." e "Sobre a arte trágica" (Livro 2, p. 3-78; Livro 4, p. 131-172).

[43] Schiller (2011, p. 40-41).

a manifestação do terror leva-nos a buscar abrigo em uma faculdade em nós que é superior a tudo o que provém da sensibilidade. A experiência do sublime dinâmico é possível, portanto, precisamente porque somos agentes morais, pois "se não fôssemos nada senão seres sensíveis, que seguem apenas o impulso de conservação, ficaríamos aqui paralisados, demorando-nos no estado do mero sofrimento". De modo análogo à observação que fizera em "Sobre o fundamento...", Schiller chama a atenção, contudo, para o fato de que a vivência do caso patético exige um maior aprimoramento moral do que a do contemplativo, uma vez que aqui já tem lugar a apresentação objetiva da dor: "a alma comum detém-se meramente nesse sofrimento e nunca sente no sublime do *pathos* mais do que o temível".

Em suma, para a produção do *pathos* trágico é necessária a participação de nossos dois conjuntos de faculdades, as sensíveis e as racionais. Precisamos sentir a dor e também lutar contra ela recorrendo à nossa natureza moral. Se não há manifestação do sofrimento, a representação não é estética, "e nosso coração permanece frio"; se não se expressa a nossa eticidade, ela não será patética, causando indignação em lugar da experiência do sublime. Como sugere Schiller, "o ser humano que sofre tem de sempre brilhar através de toda a liberdade do ânimo, e o espírito autônomo, ou capaz de autonomia, através de todo sofrimento da humanidade".

Os últimos trechos de "Sobre o patético" são, provavelmente, aqueles que dão maior testemunho do envolvimento de Schiller com o debate moderno sobre estética para além de seus estudos sobre Kant. Eles consistem em uma tentativa de pensar com maior rigor filosófico algumas das distinções que haviam sido estabelecidas nos dois artigos anteriores, de cunho, como visto, mais poetológico. De início, o pensador classifica o sublime segundo o modo como a autonomia moral se manifesta no estado do sofrimento. Isso se dá *negativamente* se o ser humano resiste a ser determinado pela necessidade natural, e tem-se o "sublime do controle", tal como nos mostram o senado romano após a desgraça de Canas e a resposta de Medeia na tragédia homônima de Corneille. Se, ao contrário, a própria dor possui uma causa moral, a moralidade é afirmada *positivamente*, tratando-se então do "sublime da ação".[44]

Esse segundo caso desdobra-se, ainda, em mais dois. O ser humano pode escolher o sofrimento em atenção a algum dever; nesse caso, sua representação o determina "como um *motivo*, e seu sofrimento é uma *ação da vontade*". Ou, ainda, ele pode expiar moralmente uma ação imoral, quando então "a representação do dever o determina [...] como um *poder*, e seu sofrimento é meramente um *efeito*". Ou seja, a dor pode ser o resultado direto de uma deliberação do herói ou uma consequência de suas ações. No primeiro caso, ele comprova para nós a efetividade de seu caráter moral, e aparece como uma "pessoa moralmente grande"; no segundo, mostra apenas a sua destinação para a moralidade, surgindo portanto "meramente como um objeto esteticamente grande".

Através de situações distintas – que remetem àquelas de Hüon e Amanda e do criminoso que se arrepende em "Sobre o fundamento..." –, Schiller tem em vista, na verdade, estabelecer uma diferença entre duas formas de julgar. O ajuizamento moral pela razão corresponde à constatação de que o sujeito efetivamente agiu de modo conforme à moralidade; sua avaliação estética pela imaginação, por outro lado, consiste no reconhecimento de que ele possuía a capacidade para agir como tal. Por isso, sugere Schiller, "o mesmo

---

[44] O "sublime do controle" parece corresponder às situações que perfazem a categoria da dignidade em "Sobre graça e dignidade'", o que sugeriria que o caso do *Grupo do Laocoonte* deveria também ser incluído sob essa rubrica. Isso é confirmado ainda pelo fato de que o autor distingue ulteriormente essas duas espécies de sublime afirmando que "o sublime do controle deixa-se *intuir*, pois se baseia na coexistência; o sublime da ação, em contrapartida, deixa-se apenas *pensar*, pois baseia-se na sucessão [...]", o que o leva à conclusão de que "apenas o primeiro [serve] para o artista figurativo, pois ele pode apresentar com êxito apenas o coexistente".

objeto pode desagradar-nos na avaliação moral e ser muito atraente para nós na [avaliação] estética"; esse é o caso, por exemplo, da autocremação do peregrino Proteus em Olímpia, que causa indignação sob o primeiro ponto de vista, por contradizer o dever da autoconservação, mas prazer sob o segundo, por mostrar "uma capacidade da vontade de resistir mesmo ao mais poderoso de todos os instintos, o *impulso* de autoconservação".[45]

Essas formas de julgar relacionam-se a dois tipos diferentes de sentimentos de natureza positiva: damos nosso *assenso* às ações conformes aos imperativos da razão; sentimos *prazer* quando elas atendem às carências sensíveis da imaginação. Ambos se fundam, entretanto, na percepção de que algo que é postulado como uma necessidade – incondicionada, no primeiro caso, condicionada, no segundo – é satisfeito. Isso se aplica mesmo à exigência ética de que se aja moralmente, pois "como a vontade é livre, é (fisicamente) contingente se vamos efetivamente fazê-lo".[46]

Ora, de acordo com Schiller, as situações que mostram a nossa *capacidade* para a moralidade satisfazem contingentemente às necessidades sensíveis da imaginação, pois "a *possibilidade* do ético postula a liberdade, e nisso se harmoniza, consequentemente, do modo mais perfeito com o interesse da fantasia". Mais ainda: o prazer que elas proporcionam é

---

[45] Conforme, desse modo, se tome a autoconservação seja como um "dever", no primeiro caso, seja como um "impulso", no segundo.

[46] Como aponta Sabine Roehr, a sugestão de que a vontade que é livre para agir ou não conforme a moralidade é original em relação à doutrina kantiana, onde a liberdade é antes definida como determinação pela lei moral: "tal vontade seria autônoma em um sentido diferente do de Kant, ela mostraria uma independência que desafia os ditames da própria razão moral da pessoa a ainda assim, ou precisamente por causa desse desafio, exige a admiração do público do teatro" (2003, p. 126). A autora sugere que essa mudança se deve à influência do pensamento de Reinhold sobre Schiller. Sobre o tema, cf. também Gellrich (1983-1984, p. 321).

superior àquele gerado pela representação do dever cumprido, pois a razão determina o que é necessário de modo incondicional, logo "nunca pode encontrar *mais*, e raramente pode encontrar *tanto* quanto exige". Se é a fantasia, por outro lado, que ajuíza a ação, "segue-se um prazer positivo, pois a faculdade da imaginação nunca pode exigir consonância com sua carência, e tem de, portanto, encontrar-se surpresa pela sua satisfação efetiva, como com um acaso feliz".

O ajuizamento estético nos entusiasma porque mostra que possuímos algo superior à sensibilidade pela mera possibilidade de agir moralmente, de deliberar livres de toda coação natural. O ajuizamento moral, por outro lado, nos humilha, pois cada ação particular revela o quanto estamos distantes, por sermos seres também sensíveis, da absoluta obediência aos imperativos da razão, e "a limitação da vontade a um único modo de determinação, que o dever exige absolutamente, contradiz o impulso de liberdade da fantasia". No primeiro caso, elevamos o real ao possível, o indivíduo à espécie; no segundo, em contrapartida, limitamos o possível ao real, descendo da espécie ao indivíduo.

Como se vê, esses dois tipos de ajuizamento não fortalecem os efeitos um do outro, mas antes se contrapõem, "pois dão ao ânimo duas direções totalmente opostas, uma vez que a conformidade a leis que a razão exige como juíza moral não subsiste com a desobrigação que a faculdade da imaginação requer como juíza estética". Nesse sentido, Schiller chega aqui a conclusão análoga àquela de "Sobre o fundamento...", e recomenda ao poeta trágico dar privilégio à satisfação dessa segunda faculdade, remetendo "não tanto nossa razão à *regra* da vontade quanto, muito mais, nossa fantasia à *capacidade* da vontade". A arte não possui outro fim senão causar deleite, e o recurso ao ético deve estar sempre a ele subordinado.

Mas não se trata tão somente da obrigação mais fundamental do poeta, que é causar o deleite. Antes a arte se torna moralmente conducente precisamente na medida em que cumpre o fim a que de destina. A constatação de que alguém agiu de acordo com o dever mostra apenas que um certo indivíduo particular escolheu, em determinadas circunstâncias, o caminho da moralidade. Isso "baseia-se em um uso contingente que *ele* faz de sua liberdade que, justamente por isso, não pode comprovar nada para *nós*". Ao contrário, ao perceber que ele possui uma capacidade para o ético, reconhecemos algo que também nós mesmos possuímos. Assim, "é através da mera possibilidade representada de uma vontade absolutamente livre que o seu efetivo exercício agrada nosso sentido estético".

Por meio de análises filosóficas significativamente mais ambiciosas, Schiller chega, desse modo, ao mesmo ponto em que iniciara sua primeira contribuição para a *Neue Thalia*: a arte não deve subordinar o seu fim último, que é a produção do deleite, a considerações de ordem moral, pois aquilo que ela realiza "mediatamente de modo totalmente insigne ela só lograria [realizar] imediatamente muito mal". O poeta não deve evitar a representação de personagens más ou de situações que atentam contra o decoro, pois em juízos estéticos "estamos interessados não na eticidade por si mesma, mas antes meramente na liberdade". Sacrificar, como exigiam Sulzer e seus seguidores, o *pathos* trágico em nome de propósitos supostamente mais nobres, tais como o aprimoramento do caráter ou a configuração de uma cultura nacional, é uma evidente confusão de fronteiras, pois "quando se exige conformidade a fins moral em coisas estéticas", terminamos por "expulsar a faculdade da imaginação de seu legítimo domínio para ampliar o reino da razão".

★★★

Nas páginas de "Do sublime..." descartadas nos *Escritos menores*, Schiller indicara que "no desenvolvimento do sublime teórico, será suficientemente exposto de que maneira somos dependentes das condições naturais nos conhecimentos, e como nos tornamos conscientes dessa dependência".[47] O texto original, contudo, limita-se a estabelecer as suas diferenças em relação ao sublime dinâmico (ou do poder), que constitui, efetivamente, o tema principal do trabalho. O desenvolvimento do caso matemático pode ser encontrado, todavia, em "Observações dispersas sobre diversos objetos estéticos", publicado no último volume da *Neue Thalia* (v. 4, p. 115-180) – o mesmo que continha boa parte do material aproveitado em "Sobre o patético".

O título do artigo é duplamente enganoso. À primeira vista, a expressão "observações dispersas" parece sugerir que o texto consistiria de um arrazoado de considerações distintas sem grande conexão entre si, impressão que é ainda reforçada pela menção a "diversos objetos". Trata-se, todavia, de um dos trabalhos mais sistemáticos entre todos os publicados por Schiller na *Neue Thalia*, e também daquele que menos se preocupa com a ilustração de sua doutrina por meio de exemplos "estéticos". São citados, de modo bastante perfunctório, apenas Eurípides, Ésquilo e Virgílio; os exemplos que servem de ponto de partida para análises mais detalhadas não são de natureza poética.

Por si só, esses dois aspectos já denunciam a forte presença de Kant no pensamento estético schilleriano desse período. Em nenhum de seus trabalhos é tão consistente o emprego de termos e distinções tomados de empréstimo à filosofia transcendental, nem são tão claras as referências a passagens da primeira e terceira críticas. Embora jamais integralmente abandonado em sua escrita, o estilo marcadamente poético que caracterizaria os textos de *Die Horen* é menos notável aqui do que, por exemplo, em "Do sublime..." ou "Sobre o patético" – onde já se faz presente, na verdade, com menos intensidade do que nos dois artigos publicados no ano anterior –, parecendo ter sido deliberadamente controlado com vistas

---

[47] Schiller (2011, p. 24).

a assegurar maior precisão conceitual. Não julgo excessivo afirmar, portanto, que "Observações dispersas..." representa o ponto a que mais longe chegaram os estudos kantianos de Schiller.

O texto tem início, precisamente, com uma referência à *Crítica da faculdade do juízo*. O pensador enumera quatro grupos de propriedades por meio das quais as coisas "podem se tornar estéticas", isto é, produzir comprazimento no sujeito: o agradável, o bom, o sublime e o belo. A passagem remete, como indicado em nota no corpo da tradução, ao trecho inicial da "Observação geral sobre a exposição dos juízos estéticos reflexionantes", onde Kant, após concluir as "analíticas" da primeira parte de sua obra, recapitula alguns pontos gerais e aprofunda suas considerações acerca do sublime. De imediato, nota-se a ausência das categorias do "perfeito" e do "verdadeiro", que ainda constavam em "Sobre o fundamento...". Mas mesmo a presença do "agradável" e do "bom" nessa lista é circunstancial, e tem por base uma ambiguidade no uso da palavra "estético". Em um primeiro momento, Schiller emprega esse termo para designar tudo aquilo que está comumente ligado à manifestação de prazer no sujeito, mas logo faz notar que, em um sentido mais estrito, ele só se aplicaria aos dois últimos, os únicos que são *"próprios da arte"*, pois "o agradável não é *digno* dela, e o bom não é, ao menos, o seu *fim* [...]".

Com efeito, o esforço dos parágrafos seguintes consiste em mostrar em que se aproximam e se distinguem belo, agradável e bom. A estratégia argumentativa é análoga àquela utilizada, para o mesmo propósito, nos dois primeiros momentos da "Analítica do belo", ainda que as distinções que constam na terceira crítica não sejam integralmente aproveitadas por Schiller em seu artigo. Ali, Kant mostra que o ajuizamento estético não pressupõe qualquer interesse na existência do objeto, o que entretanto se dá nos dois outros casos, pois "eles sempre estão ligados a um interesse em seu objeto, não apenas o agradável e o mediatamente bom (o útil) [...], mas também o [que é] bom absolutamente e para qualquer propósito [...], a saber, o moral [...]".[48] Em seguida, o filósofo mostra que essas três categorias possuem semelhanças e diferenças par a par. Belo e bom concordam no fato de que erguemos pretensões de universalidade para os juízos em que empregamos esses predicados, no segundo caso, entretanto, por meio de conceitos; nem belo e nem agradável fundam-se em conceitos, embora, no segundo caso, também sem que sejam erguidas pretensões de universalidade para nossos juízos.[49]

Schiller deixa de lado a noção de interesse, mas retém em suas análises a referência a conceitos como critério distintivo desses três predicados. Assim, o bom existe antes de ser sentido, pois se funda em um conceito do fim cuja realização proporcionaria prazer, ao passo que o agradável "só é agradável porque é sentido, e seu conceito desaparece completamente tão logo deixemos de pensar na afetabilidade dos sentidos, ou mesmo apenas a modifiquemos". Isso pode ser constatado quando observamos que o mesmo objeto – uma brisa quente – pode ser considerado prazeroso ou desprazeroso conforme nos encontremos no verão ou no inverno. O mesmo se aplica ao belo, que igualmente "só agrada no fenômeno" e "não provê nem pressupõe qualquer conhecimento de seu objeto".

Mas o pensador ignora também, em suas qualificações ulteriores, a questão acerca da quantidade dos juízos, introduzindo antes uma outra distinção. O agradável causa prazer meramente pela *matéria*, e nisso se diferencia do bom e do belo, que o fazem por meio de uma *forma* – "conforme à razão" ou "semelhante à razão", respectivamente. Ele agrada meramente os sentidos, o bom meramente à razão; o belo, todavia, agrada "através da *forma* de seu fenômeno, e não através da sensação material", e só pode ser sentido por sujeitos "sensíveis-racionais", pois "agrada, é verdade, o sujeito

---

[48] Kant (AA 05: 209.04-08).

[49] Cf. Kant (AA 05: 211.10-213.24).

racional apenas na medida em que ele é ao mesmo tempo sensível; mas também só agrada o [sujeito] sensível na medida em que ele é ao mesmo tempo racional". Por isso, conclui Schiller, "o bom é *pensado*, o belo *contemplado*, o agradável meramente *sentido*. Aquele agrada no conceito, o segundo na intuição, o terceiro na sensação material".[50]

Ora, essas três categorias ainda não esgotam o conjunto de todos os predicados estéticos. Pois há objetos feios e indiferentes do ponto de vista moral que podem desagradar os sentidos e, ainda assim, causar prazer, e na verdade "em grau tão alto que sacrificamos de bom grado o deleite dos sentidos e do entendimento para prover-nos do seu gozo". Schiller tem em vista a última das quatro classes de propriedades mencionadas no início do texto, o sublime, à qual dedicará a maior parte de suas análises. Elas têm por ponto de partida a descrição de duas situações que comprovam a existência de "uma *quarta fonte de prazer*, que nem o agradável, nem o bom, nem o belo estão em condição de gerar".[51]

---

[50] Como se vê, o modo como Schiller distingue belo, bom e agradável nessa passagem é bastante original em relação às passagens correlatas da terceira crítica, e mostra com clareza como é insustentável a hipótese de que "Observações diversas..." poderia ser considerado um mero subproduto de seus estudos sobre Kant, desconectado de seu pensamento mais geral sobre estética. Nesse sentido, é suficiente chamar a atenção aqui para o caráter central que a oposição entre forma e matéria retém nas *Kalliasbriefe* e, mais ainda, nas cartas *Sobre a educação estética do homem* onde, como afirma corretamente Sabine Roehr, a possibilidade de conciliar as nossas naturezas sensível e racional parece ter sido influenciada pela "preocupação de Schiller com a relação entre matéria e forma na obra de arte e como isso se compara à mesma relação no que diz respeito a seres humanos" (2003, p. 130).

[51] Observo de passagem que o modo como essas quatro categorias estéticas são apresentadas em "Observações dispersas..." é, em certo sentido, mais consequente do que aquele que encontramos na terceira crítica. Kant posterga todas as discussões acerca do sublime até o §23, que tem por objetivo mostrar em que ele se distingue do belo. Mas o filósofo se vê forçado, nesse momento de seu texto, a retomar as considerações que fizera nos dois primeiros momentos

A primeira consiste em uma paisagem ao arrebol onde "a rica multiplicidade e o contorno ameno das figuras", bem como "o suave ruído de uma queda d'água" e "o canto dos rouxinóis" proveem-nos com múltiplas sensações de prazer ligadas ao belo e ao agradável. Essa cena bucólica é então subitamente interrompida por uma tempestade que escurece o céu e abafa todos os sons com o ruído dos trovões. Segundo Schiller, esse novo espetáculo da natureza em fúria provoca temor, sendo "antes *pernicioso* do que *bom*" e "antes feio do que belo". Ele desagrada os sentidos e é incompatível com qualquer espécie de contemplação. Apesar disso, "somos poderosamente atraídos por esse espetáculo temível que repulsa nossos sentidos, e nos detemos frente a ele com um sentimento que, na verdade, não podemos chamar de *prazer* propriamente, mas que frequentemente preferimos em muito a ele".

A segunda situação consiste em uma planície verdejante onde se destaca uma colina. De início, a presença de um elemento estranho interrompe a fruição da bela paisagem, causando desprazer. Mas se fazemos, em pensamento, essa colina cada vez maior, a partir de um certo ponto "perder-se-á sem que notemos o dissabor a respeito dela, dando lugar a um sentimento totalmente diferente", até que, finalmente, tornando-se tão alta a ponto de já parecer não ser mais possível apreendê-la em uma única imagem, "valerá mais para nós do que toda a bela planície à sua volta, e não trocaríamos de

---

da "Analítica do belo", visto que se trata, em todos os casos, de predicados ligados à manifestação de prazer no sujeito. Assim, a "Analítica do sublime" tem início do seguinte modo: "O belo acorda-se com o sublime no fato de que ambos agradam por si mesmos. Mais ainda, no fato de que ambos não pressupõem nenhum juízo determinante dos sentidos ou lógico, mas antes um juízo de reflexão; consequentemente, o comprazimento não depende de uma sensação, como aquela do agradável, nem de um conceito determinado, como o comprazimento com o bom [...]" (KANT, AA 05: 244.08-12). Discutir as quatro juntas, como faz Schiller, favorece desse modo a clareza da exposição.

bom grado a impressão que nos causa por uma outra, ainda que tão bela". Se, ulteriormente, imaginamos que ela possui uma inclinação, como se parecesse prestes a cair, adiciona-se a representação do terror, e o prazer aumenta ainda mais. Ambas as impressões deixariam de se manifestar, contudo, com o acréscimo de mais duas suposições: uma segunda montanha que servisse de suporte, fornecendo desse modo uma garantia contra o desabamento; e várias outras, próximas e de tamanho progressivamente menor, que tornassem relativa para nós a sua magnitude.[52]

A partir desses exemplos, complementados por breves referências ao emprego do horror no teatro (por exemplo, a imagem das Erínias na *Oresteia*), Schiller conclui que a manifestação da categoria do sublime tem por fundamento algo que se opõe à nossa faculdade sensível, seja de apreensão, quando um objeto parece grande demais para nossa tentativa de conhecê-lo, seja de resistência, quando ele nos ameaça fisicamente:

---

[52] A segunda situação proposta por Schiller é notável no debate moderno sobre estética, visto que corresponde à construção (e posterior destruição) mental de um objeto que é, simultaneamente, grande e aterrorizante. Isso responderia pelo máximo grau de prazer que a categoria do sublime poderia despertar em nós. Como argumenta o pensador, são realizadas ali duas operações independentes: "Ora, não efetuamos no começo qualquer outra operação com essa montanha exceto torná-la *maior*, totalmente como era, sem modificar sua forma; e por meio dessa única circunstância ela se transformou de objeto indiferente, mesmo repugnante, em objeto de comprazimento. Com a segunda operação transformamos esse objeto grande também em objeto de terror, e desse modo aumentamos o comprazimento com sua visão". As demais operações resultam na supressão dessas duas condições pois, primeiro, "reduzimos aquilo que incita terror em sua visão e, desse modo, enfraquecemos o deleite", e, em seguida, "diminuímos *subjetivamente* a representação de sua grandeza [...]". Não encontramos em Kant, por exemplo, uma descrição tão explícita da conjunção dos casos matemático e dinâmico do sublime em um mesmo objeto.

Ou se trata de um objeto que simultaneamente se *exibe* e se *subtrai* à nossa faculdade da intuição, despertando o esforço para a representação sem lhe permitir esperar satisfação; ou de um objeto que parece levantar-se de modo hostil contra nossa própria *existência*, como que desafiando-nos à luta e tornando-nos ocupados com o desfecho.

Como se vê, é desse modo que o pensador reintroduz, no âmbito de "Observações dispersas...", a distinção kantiana entre sublime matemático e dinâmico, aqui rebatizados "sublime do conhecimento" e "sublime da força".[53] No primeiro, as coisas "são consideradas objetos dos quais queremos prover-nos de conhecimento"; no segundo, "como um *poder* com o qual comparamos o nosso". O caso que interessa no artigo é, como indicado anteriormente, o matemático.

De início, as análises propostas em "Observações dispersas..." apresentam-se como um comentário bem-organizado dos §§25-26 da *Crítica da faculdade do juízo*. Schiller enuncia quatro juízos diferentes sobre uma torre para esclarecer o que significa dizer que algo é "absolutamente grande", como se faz usualmente acerca do sublime. Ao dizer que ela é uma "grandeza" ou que ela mede "duzentos cúbitos", afirmamos simplesmente que ela é um *quantum*, isto é, que ela possui uma certa quantidade de partes que podemos determinar matematicamente.

---

[53] Schiller não mantém consistência terminológica ao diferenciar os dois tipos de sublime ao longo de sua produção teórica. Em "Do sublime", o pensador argumentara em favor dos termos "teórico" e "prático" em lugar de "matemático" e "dinâmico", ou mesmo da expressão "sublime do poder" [*Macht*], que atribui equivocadamente a Kant (SCHILLER, 2011, p. 23-24); mas, mesmo naquele texto, emprega frequentemente outras, tais como "sublime do conhecimento" e "sublime da mentalidade" [*Gesinnung*] (p. 26), e continua referindo-se a "sublime do poder", que rejeitara explicitamente (p. 40). Em "Observações dispersas...", o pensador retém "sublime do conhecimento" para designar o caso matemático, mas o caso dinâmico chama-se aqui sublime da "força" [*Kraft*], e não do "poder".

Para caracterizar algo como "grande", precisamos já tomá-lo como um *magnum*, como quando afirmamos que "a torre é alta" ou que ela é "um objeto alto (sublime)".

Por meio dessas distinções, Schiller pretende estabelecer, como faz Kant, que nenhum objeto mensurável pode ser sublime, isso é, "absolutamente grande". Toda determinação objetiva de grandezas pressupõe uma medida fundamental que é utilizada para contar o número de partes que um certo todo contém. Mas tal medida é tomada de modo arbitrário, e o objeto que é considerado grande em relação a uma pode tornar-se pequeno em relação a outra: "enquanto ainda se puder determinar *o quão grande* é um objeto, ele ainda não é (absolutamente) grande, e pode ser degradado pela mesma operação de comparação até um [objeto] bem pequeno". Trata-se, portanto, de um conceito *relativo* de grandeza, e não absoluto.[54]

O terceiro juízo discutido por Schiller parece, à primeira vista, atender a essa exigência, pois se afirma apenas que a torre é alta, sem determinar por quanto. Contudo, ainda não estamos prescrevendo a ela uma grandeza absoluta, mas apenas afirmando que ela possui uma quantidade de partes superior àquela que encontramos usualmente em objetos desse tipo, para os quais admitimos, sem tornar isso explícito, uma certa medida como padrão. Essa é igualmente a posição de Kant, para quem, nesse caso, atribuímos preferencialmente uma grandeza a um objeto "em relação a muitos outros do mesmo tipo sem entretanto fornecer essa preferência de modo determinado".[55]

Schiller, entretanto, detém-se muito mais detalhadamente no tipo de avaliação de grandezas pertinente ao terceiro

---

[54] Como afirma Kant, "toda determinação de grandeza de fenômenos simplesmente não pode fornecer o conceito absoluto de uma grandeza, mas antes em todos os casos apenas um conceito comparativo" (AA 05: 248.25-27).

[55] Kant (AA 05: 249.03-04).

juízo, que denomina "grandeza de espécie". A pressuposição de que uma certa medida usual foi superada, e que faculta a simples determinação de que algo é "grande", compreende três casos distintos. Podemos formar um conceito empírico de tal medida acerca de objetos da natureza, e nesse caso vivenciamos "assombro" [*Verwunderung*] ao constatar que nossas expectativas foram superadas; ou podemos ainda perceber que os limites que estão na causa de um produto da liberdade foram superados, quando então experimentamos um sentimento de "admiração" [*Bewunderung*]. Assim, "um cavalo de tamanho inabitual parecerá a nós estranho de um modo agradável; mais ainda, contudo, o hábil e robusto cavaleiro que o domar".

Há ainda uma terceira possibilidade, que é pertinente aos produtos da liberdade: o objeto pode ultrapassar os fins que estão no fundamento daquilo a que se destina. Nesse caso, vivenciamos apenas um sentimento de desprazer, e tudo o que podemos dizer é que ele é "grande demais". Não podemos aumentar indefinidamente as dimensões de uma casa a ponto de torná-la inabitável, ao passo que a torre torna-se cada vez mais sublime por meio dessa operação. Isso ocorre porque "lá se trata de uma contradição, aqui apenas de um acordo inesperado com aquilo que busco. Posso muito bem aceitar que um limite seja ampliado, mas não que seja frustrado um propósito".

Schiller também indica que a grandeza de espécie pode ser de natureza corporal, como no caso da torre, ou incorporal (ideal), quanto se trata, por exemplo, de princípios de ação moral. Em ambos os casos, contudo, o que é pressuposto é sempre algo subjetivo, e portanto relativo e não absoluto, mesmo que a determinação efetiva das relações entre os objetos – a comparação que determina em quantas partes um supera o outro – tenha lugar objetivamente. Assim, um patagão parecerá grande a um europeu, o que não ocorrerá na Patagônia; e um avarento julgará excesso de generosidade o presente de um florim, "enquanto o generoso crê dar ainda muito pouco com o triplo dessa soma".

O que o pensador tem em mente é que toda comparação pressupõe uma avaliação *lógica* de grandezas onde o entendimento determina de modo objetivo as quantidades das partes em um todo sem produzir, entretanto, mais do que uma grandeza meramente relativa, mesmo nos casos em que a medida fundamental, corporal ou ideal, é tomada de modo privilegiado em relação à espécie. Para alcançarmos uma definição do sublime, expressa no quarto juízo mencionado acima, é necessário desse modo compreender em que consiste a avaliação *estética* de grandezas, que tem lugar na imaginação e por meio da qual "já não meço em sentido próprio, já não avalio qualquer grandeza, antes me torno eu mesmo momentaneamente uma grandeza para mim, e na verdade infinita".

Malgrado sua importância para a argumentação desenvolvida em "Observações dispersas...", os dezoito parágrafos seguintes, consagrados a essa tarefa, foram integralmente suprimidos nos *Escritos menores*. A estratégia geral dessas passagens remete, mais uma vez, àquela de que Kant se serve na terceira crítica. No §26, o filósofo sugere que a apresentação de algo na imaginação envolve duas operações distintas: a apreensão [*Auffassung*] consecutiva dos dados sensíveis e sua compreensão [*Zusammenfassung*] em uma unidade, que os mantém copresentes no ânimo. Mas se podemos fazer a primeira avançar indefinidamente, a segunda possui um limite, de modo que

> quando a apreensão chegou tão longe a ponto de as representações parciais da intuição sensível primeiramente apreendidas já começarem a apagar-se na faculdade da imaginação à medida que ela avança na apreensão de mais [representações parciais], ela perde de um lado tanto quanto ganha do outro, e há na compreensão um máximo além do qual ela não pode ir.[56]

---

[56] Kant (AA 05: 252.04-09).

Esse máximo da compreensão corresponde ao maior tamanho que somos capazes de avaliar esteticamente, ou seja, na mera intuição e sem referência a conceitos numéricos. O objeto sublime é justamente aquele que, por sua disposição no espaço-tempo, leva nossa faculdade cognitiva ao reconhecimento desse limite – como o faria igualmente um objeto infinito, caso pudesse aparecer para nós como fenômeno. Percebemos o fracasso dessa tentativa de síntese como um sentimento de desprazer, ao qual se segue, todavia, um sentimento de prazer que decorre da consciência de que possuímos em nós a capacidade de pensar algo que jamais pode se dar na sensibilidade – a ideia de infinitude – sendo portanto, nesse sentido, superiores a tudo o que é sensível.

Em seu texto, Schiller reconstrói os argumentos kantianos, definindo analogamente apreensão e compreensão, mas de modo muito mais pormenorizado do que ocorre na *Crítica da faculdade do juízo*. Com efeito, sua exposição recorre ao conceito da unidade do sujeito que é percebida como a mesma em todas as representações parciais mantidas copresentes no ânimo, e que se distingue, como consciência pura, da mera reprodução do eu nas partes individualmente apreendidas, denominada consciência empírica. Essa formulação mostra que o pensador complementara o que é exposto na "Analítica do sublime" com estudos da primeira crítica, especialmente de um de seus trechos mais complexos, a "Dedução transcendental", onde Kant expõe a articulação entre a noção de "apercepção" e as diferentes operações sintéticas do ânimo, ponto que decidira omitir em sua obra posterior.[57]

Como em Kant, a compreensão, que aqui corresponde à "redução das diferentes apercepções empíricas na autoconsciência pura", possui um limite sensível. Mas Schiller sugere, adicionalmente, que ele na verdade pode ser superado pelo ânimo, porém a custo da distinção das representações parciais.

---

[57] Cf. Überweg (1884, p. 157).

Numa fórmula que remete à passagem da terceira crítica citada anteriormente, o pensador afirma: "quando a faculdade de reflexão ultrapassa essa fronteira, querendo reunir em uma autoconsciência representações que já residem além, ela perde tanto em clareza quanto ganha em expansão". Tal fronteira, que pode ser diferente de um sujeito para o outro, "não pode ser menos de *três*", o número de dimensões apreensíveis em nossa experiência cotidiana.

Essa relação entre distinção e extensão é ilustrada por meio de dois exemplos. O primeiro supõe como dez o máximo de compreensão humana, e mostra como somos capazes de representar mil unidades sintetizando-as dez a dez, em dois passos consecutivos, com o auxílio de conceitos numéricos do entendimento. No primeiro, compreendemos dez unidades em uma nova unidade representada pelo número 10, perdendo nessa operação a representação individual de cada uma delas. No segundo, compreendemos dez de cada uma das cem unidades geradas na etapa anterior em mais uma nova unidade, por meio do número 100. Essas últimas dez unidades podem, finalmente, ser compreendidas em uma única intuição pela faculdade da imaginação, e "aquelas unidades originárias têm de apagar-se ainda muito mais nesse terceiro ato da compreensão, pois mesmo os seus representantes imediatos, os conceitos numéricos de dez, foram representados por outros, desaparecendo eles mesmos na obscuridade".

A representação, portanto, não pressupõe um aumento da capacidade compreensiva da imaginação, mas antes o apoio de um procedimento numérico do entendimento, que esconde "desse modo para ela a sua pobreza estética em uma riqueza lógica". O segundo exemplo torna isso ainda mais claro. Suponha-se uma longa fronte de dois mil soldados. Ao percorrê-la com os olhos, o sujeito reconhece individualmente cada homem em um grupo de dez. À medida, entretanto, que o entendimento vai fornecendo conceitos numéricos cada vez maiores, e reconhecendo a unidade da consciência em unidades cada vez mais altas, "as intuições simultâneas da faculdade da imaginação perdem a sua distinção, e pairam agora frente à alma meramente como massas", até o ponto em que "o individual desaparece totalmente, e toda a fronte se perde em um comprimento contínuo no qual não se pode mais diferenciar nem mesmo uma seção, muito menos uma cabeça individual".[58]

Mas o reconhecimento da limitação compreensiva da imaginação dá ocasião para que nos tornemos conscientes de uma outra faculdade em nós, que exige precisamente uma síntese da totalidade das representações em uma única compreensão. Trata-se da razão, que requer "reconhecer a identidade de minha autoconsciência em todas essas representações parciais". Essa tentativa fracassa, visto que há um máximo de compreensão que não pode ser ultrapassado. Mas provoca simultaneamente prazer, pois a totalidade sintética que o ânimo busca produzir não está nas próprias coisas, mas em nós mesmos. "O grande", afirma Schiller, "está, portanto, em mim, não fora de mim", pois sou eu que possuo uma capacidade de pensar algo que supera tudo o que pode se dar no mundo fenomenal. E se "experimento, com efeito, na contemplação desses objetos grandes a minha *impotência*", experimento-a "por meio de minha *força*. Não é pela natureza, é *por mim mesmo que sou suplantado*".

No restante do artigo, preservado nos *Escritos menores*, são discutidas as condições internas e externas necessárias à produção do sublime matemático. Entre as primeiras encontra-se a exigência de que as duas faculdades envolvidas na tentativa de representação se expressem com um certo grau de força.

---

[58] É nesse sentido que Schiller emprega, nesta passagem, a expressão "entendimento reflexionante", evidentemente problemática quando se leva em conta a centralidade do conceito de "juízo reflexionante" para a estética kantiana. Apesar da coincidência terminológica, o pensador tem em mente aqui o movimento compreensivo do ânimo que visa a reconhecer a unidade da consciência pura nas várias consciências empíricas, ou seja, em suas representações parciais no fluxo de intuições sensíveis apreendidas pela imaginação.

A imaginação deve convocar "toda a sua capacidade de compreensão para a apresentação da ideia do absoluto a que impele implacavelmente a razão". Se ela permanecer inerte, o objeto será sintetizado logicamente, e não esteticamente. Por isso, sugere Schiller, "seres humanos de preponderante força de entendimento analítico raramente mostram muita receptividade para o esteticamente grande".

Por outro lado, requer-se já "uma certa riqueza de ideias e uma familiaridade mais precisa do ser humano com o seu eu mais nobre" para que a razão possa compelir a imaginação à compreensão da totalidade das representações. Sem essa condição, o objeto não se torna sublime, por maior que seja a força com que se expresse essa última faculdade. Assim, o "bruto selvagem" permanece indiferente ao "grande espírito da natureza que, a partir do que é sensivelmente incomensurável, fala para a alma que sente", e o ser humano que possui uma formação insuficiente vivencia apenas o medo frente àquilo que é absolutamente grande, pois "embora sua fantasia seja suficientemente estimulável para arriscar-se na apresentação do sensivelmente infinito, sua razão não é suficientemente autônoma para finalizar com sucesso esse empreendimento".

Schiller menciona ainda duas condições objetivas para a experiência do sublime matemático. Em primeiro lugar, o objeto deve perfazer um todo para o ânimo, isto é, deve deixar-se pensar como uma unidade. Isso não ocorre, por exemplo, com o horizonte se ele é entrecortado por montanhas ou colinas, pois os outros elementos na paisagem atraem a atenção do olhar. Mas "se pensamos em nós mesmos em uma ampla e ininterrupta planície, ou no mar aberto, o próprio horizonte torna-se um objeto – e na verdade o mais sublime que pode aparecer aos olhos". Em segundo lugar, o objeto deve superar a nossa maior medida de compreensão sensível, fazendo, desse modo, fracassar a tentativa de síntese da totalidade das representações expressa na condição anterior.

"Observações dispersas..." conclui-se, por fim, com uma breve discussão sobre a contribuição de alturas e comprimentos para a produção do sublime. O argumento do filósofo reforça a possibilidade de conjunção dos sublimes matemático e dinâmico em um mesmo objeto, que já havia sido indicada com o exemplo da montanha progressivamente maior no início do artigo. Segundo ele, "alturas aparecem muito mais sublimes do que comprimentos igualmente grandes, e o fundamento para isso reside em parte no fato de que o sublime dinâmico se une à visão das primeiras". Além de algo que é infinitamente grande, somos capazes de obter nesse caso também o sentimento do terror, ao imaginarmo-nos despencando. Ademais, comprimentos possuem no horizonte uma medida de comparação contra a qual parecem sempre menores, o que dificulta igualmente a representação da grandeza.

★★★

Na última página de "Observações dispersas...", Schiller fizera inserir a expressão "Segue a continuação", posteriormente removida nos *Escritos menores*. De fato, a continuação nunca chegou a ser redigida, pois a partir de 1795 o pensador passaria a dedicar-se, como discutido anteriormente, ao periódico *Die Horen*, onde publicou os textos mais célebres de sua produção teórica. É inegável que suas contribuições para a *Neue Thalia* testemunham a maturação de ideias que encontrariam a sua expressão mais bem-acabada nesses trabalhos. Isso é evidente quando comparamos, por exemplo, o modo como o legado da Antiguidade é abordado em "Sobre o fundamento..." e, posteriormente, em "Sobre o patético".

É um grande equívoco, por outro lado, tratar esse conjunto de textos como mero ponto de passagem, como se Schiller estivesse apenas ensaiando com conceitos e princípios de Kant e da tradição moderna para, posteriormente, elaborar de modo mais definitivo a sua doutrina estética. A produção da *Neue Thalia* responde, como procurei mostrar, a múltiplas inquietações intelectuais: questões acerca do pensamento kantiano, decerto, mas também acerca do sublime, do patético, da natureza da tragédia, suas regras e fundamentos. Muitas delas viriam a se tornar menos centrais em *Die Horen*, de modo que é para os artigos que integram o presente volume que precisamos nos voltar se queremos compreender o modo como o pensador procurou respondê-las. Considero que o esforço dispendido em sua tradução para o português brasileiro será plenamente recompensado se isso puder contribuir de algum modo para restaurar a sua dignidade filosófica.

Edições traduzidas
NEUE THALIA. Organização de Friedrich Schiller. Leipzig: Georg J. Göschen, v. 1, 3, 4, 1792-1793.

SCHILLER, Friedrich. *Kleinere prosaische Schriften* [Escritos menores em prosa]. Leipzig: Grußius, 1792-1802. v. 3-4.

Sobre o fundamento do deleite com objetos trágicos
"Über den Grund des Vergnügens an tragischen Gegenständen". *Neue Thalia*, v. 1, p. 92-125, 1792; *Kleinere prosaische Schriften*, v. 4, p. 80-107, 1802.

Sobre a arte trágica
"Über die tragische Kunst". *Neue Thalia*, v. 1, p. 176-228, 1792; *Kleinere prosaische Schriften*, v. 4, p. 108-163, 1802.

Sobre o patético
"Vom Erhabenen (Zur weiteren Ausführung einiger Kantischen Ideen)". *Neue Thalia*, v. 3, p. 366-394, 1793; v. 4, p. 52-73, 1793. *Kleinere prosaische Schriften*, v. 3, p. 310-372, 1801.

Observações dispersas sobre diversos objetos estéticos
"Zerstreute Betrachtungen über verschiedene ästhetische Gegenstände". *Neue Thalia*, v. 4, p. 115-180, 1793; *Kleinere prosaische Schriften*, v. 4, p. 28-79, 1802.

Referências

ADDISON, Joseph. The Pleasures of Imagination. *The Spectator*, London, n. 411-421, p. 56-96, 1898.

BARONE, Paul. *Schiller und die Tradition des Erhabenen*. [Schiller e a tradição do sublime.] Berlin: Erich Schmidt, 2004.

BEISER, Frederick. *Schiller as Philosopher: A Re-Examination*. Oxford: Oxford University, 2005.

BENN, Sheila. Friedrich Schiller and the English Garden: Über den Gartenkalender auf das Jahr 1795. *Garden History*, v. 19, n. 1, p. 28-46, Spring 1991.

BOILEAU, Nicolas. *Oevres complètes*. Organização de A. Ch. Gidel. Paris: Garnier, 1873. v. 3.

BOILEAU, Nicolas. Prefácio ao *Tratado do sublime*. *Revista Viso*, Rio de Janeiro, n. 14, p. 19-27, jul./dez. 2013.

BOLLENBECK, Georg; EHRLICH, Lothar (Orgs.). *Friedrich Schiller: Der unterschätzte Theoretiker* [Friedrich Schiller: o teórico subestimado]. Weimar: Böhlau, 2007.

BURKE, Edmund. *A Philosophical Enquiry into the Origin of Our Ideas of the Sublime and the Beautiful*. Oxford: Oxford University, 1998.

FEGER, Hans. Durch Schönheit zur Freiheit der Existenz: Wie Schiller Kant liest [Para a liberdade da existência através da beleza: como Schiller lê Kant]. *Monatshefte*, v. 97, n. 3, p. 439-449, Fall 2005.

GELLRICH, M. W. On Greek Tragedy and the Kantian Sublime. *Comparative Drama*, v. 18, n. 4, p. 311-334, Winter 1983-1984.

GOETHE, J. W. von; SCHILLER, F. *Goethe e Schiller: companheiros de viagem*. São Paulo: Nova Alexandria, 1993.

GRIMM, Jacob; GRIMM, Wilhelm. *Deutsches Wörterbuch von Jacob und Wilhelm Grimm*. 16 Bde. in 32 Teilbänden. Leipzig, 1854-1961.

HEGEL, G. W. *Cursos de estética*. Tradução de Marco Aurélio Werle. São Paulo: Edusp, 1999.

HINDERER, Walter. Schiller's Philosophical Aesthetics in Anthropological Perspective. In: MARTINSON, Steven D. (Org.). *A Companion to the Works of Friedrich Schiller*. Rochester, NY: Camden House, 2005. p. 27-46.

HINNANT, Charles H. Schiller and the Political Sublime: Two Perspectives. *Criticism*, Wayne University, v. 4, n. 2, p. 121-138, Spring 2002.

HOFFMEISTER, Karl. *Schillers Leben für den weiteren Kreis seiner Leser* [A vida de Schiller para o círculo mais amplo de seus leitores]. Stuttgart: Ud. Becher, 1869.

KANT, I. *Gesammelte Schriften (Akademische Ausgabe)*. Berlin: Hrsg. von der Königlich-Preussischen Akademie der Wissenschaften zu Berlin, 1902-.

KOEPKE, Wulf. The Reception of Schiller in the Twentieth Century. In: MARTINSON, Steven D. (Org.). *A Companion to the Works of Friedrich Schiller*. Rochester, NY: Camden House, 2005. p. 271-296.

KOOPMANN, Helmut. *Friedrich Schiller I (1759-1794)*. Stuttgart: J. B. Metzlersche Verlagsbuchhandlung, 1966.

LESSING, Gotthold. E. *Hamburgische Dramaturgie* [Dramaturgia de Hamburgo]. Hamburg: Cramer, 1769.

LUCRÉCIO. *Da natureza*. Tradução de Agostinho da Silva. São Paulo: Abril, 1985. p. 64-285. (Coleção Os pensadores).

MARTINSON, Steven D. (Org.). *A Companion to the Works of Friedrich Schiller*. Rochester, NY: Camden House, 2005.

MILTON, John. *Paradise Lost*. Organização de Barbara K. Lewalski. Oxford: Blackwell, 2007.

NOETZEL, Wilfried. Friedrich Schiller: Philosoph und Mediziner [Friedrich Schiller: filósofo e médico]. *Internationale Zeitschrift für Philosophie und Psychosomatik*, Bad Schwalbach und Mainz, v. 1, 2009.

PETRUS, Klaus. Schiller über das Erhabene [Schiller sobre o sublime]. *Zeitschrift für philosophische Forschung*, v. 47, n. 1, p. 23-40, jan./mar. 1993.

PUGH, David. Schiller and Classical Antiquity. In: MARTINSON, Steven D. (Org.) *A Companion to the Works of Friedrich Schiller*. Rochester, NY: Camden House, 2005. p. 47-66.

REGIN, Deric. *Freedom and Dignity: The Historical and Philosophical Thought of Schiller*. The Hague: Martinus Nijhoff, 1965.

ROEHR, Sabine. Freedom and Autonomy in Schiller. *Journal of the History of Ideas*, University of Pennsylvania, v. 64, n. 1, p. 119-134, jan. 2003.

SCHILLER, Friedrich. Geschichte des Dreißigjährigen Kriegs [História da Guerra dos Trinta Anos]. *Sämtliche Werke*, 9. v. Stuttgart: Cotta, 1862.

SCHILLER, Friedrich; KÖRNER, Christian G. *Schillers Briefwechsel mit Körner* [A correspondência de Schiller com Körner]. Edição organizada por Karl Goedeke. Berlin: Veit, 1874.

SCHILLER, Friedrich. Über Anmut und Würde [Sobre graça e dignidade]. *Sämtliche Werke*, v. 5, p. 433-488, 1962a. (Edição organizada por Gerhard Fricke e Herbert G. Göpfert. München: Hanser).

SCHILLER, Friedrich. Über die ästhetische Erziehung des Menschen in einer Reihe von Briefen [Sobre a educação estética do homem o em uma série de cartas]. *Sämtliche Werke*, v. 5, 1962b, p. 570-693. (Edição organizada por Gerhard Fricke e Herbert G. Göpfert. München: Hanser).

SCHILLER, Friedrich. Über naive und sentimentale Dichtung [Sobre poesia ingênua e sentimental]. *Sämtliche Werke*, v. 5, 1962c, p. 694-789. (Edição organizada por Gerhard Fricke e Herbert G. Göpfert. München: Hanser).

SCHILLER, Friedrich. *Do sublime ao trágico*. Organização de Pedro Süssekind. Tradução de Pedro Süssekind e Vladimir Vieira. Belo Horizonte: Autêntica, 2011.

SÊNECA. Sobre la providencia. In:_____. *Diálogos*. Tradução de Juan Mariné Isidro. Madrid: Gredos, 2008.

SHARPE, Lesley. *Schiller: Drama, Thought and Politics*. Cambridge: Cambridge University, 1991.

THOMAS, Calvin. *The Life and Works of Friedrich Schiller*. New York: Henry Holt & Co., 1901.

TITSWORTH, Paul E. The Attitude of Goethe and Schiller toward the French Classic Drama. *The Journal of English and Germanic Philology*, University of Illinois, v. 11, n. 4, p. 509-564, Oct., 1912.

ÜBERWEG, Friedrich. *Schiller als Historiker und Philosoph* [Schiller como historiador e filósofo]. Leipzig: Carl Reißner, 1884.

VIEIRA, Vladimir. O pensamento crítico de Kant a respeito do entusiasmo. In: MUNIZ, F. (Org.). *As artes do entusiasmo*. Rio de Janeiro: 7Letras, 2011a. p. 47-64.

VIEIRA, Vladimir. Os dois sublimes de Schiller. In: SCHILLER, Friedrich. *Do sublime ao trágico*. Organização de Pedro Süssekind. Tradução de Pedro Süssekind e Vladimir Vieira. Belo Horizonte: Autêntica, 2011b. p. 7-17.

VIRGÍLIO. *Eneida*. Tradução de Manuel Odorico Mendes. Organização de Teotônio Simões. E-Books Brasil, 2005.

WESSEL JR., Leonard P. Schiller and the Genesis of German Romanticism. *Studies in Romanticism*, Boston University, v. 10, n. 3, p. 176-198, Summer 1971.

WIELAND, Christoph M. *Oberon: ein Gedicht in zwölf Gesängen* [Oberon: um poema em doze cantos]. Leipzig: Weidmann, 1819.

WILM, Emil C. The Kantian Studies of Schiller. *The Journal of English and Germanic Philology*, University of Illinois, v. 7, n. 2, p. 126-133, Apr. 1908.

WINCKELMANN, Johann J. *Geschichte der Kunst: Zweiter Teil* [História da arte: segunda parte]. Wien: Akademische Verlage, 1776.

Este livro foi composto com tipografia Bembo e impresso
em papel Off-White 70 g/m² na Paulinelli.